나무

마리시아와 야넥에게　블랑카와 에릭에게

나무

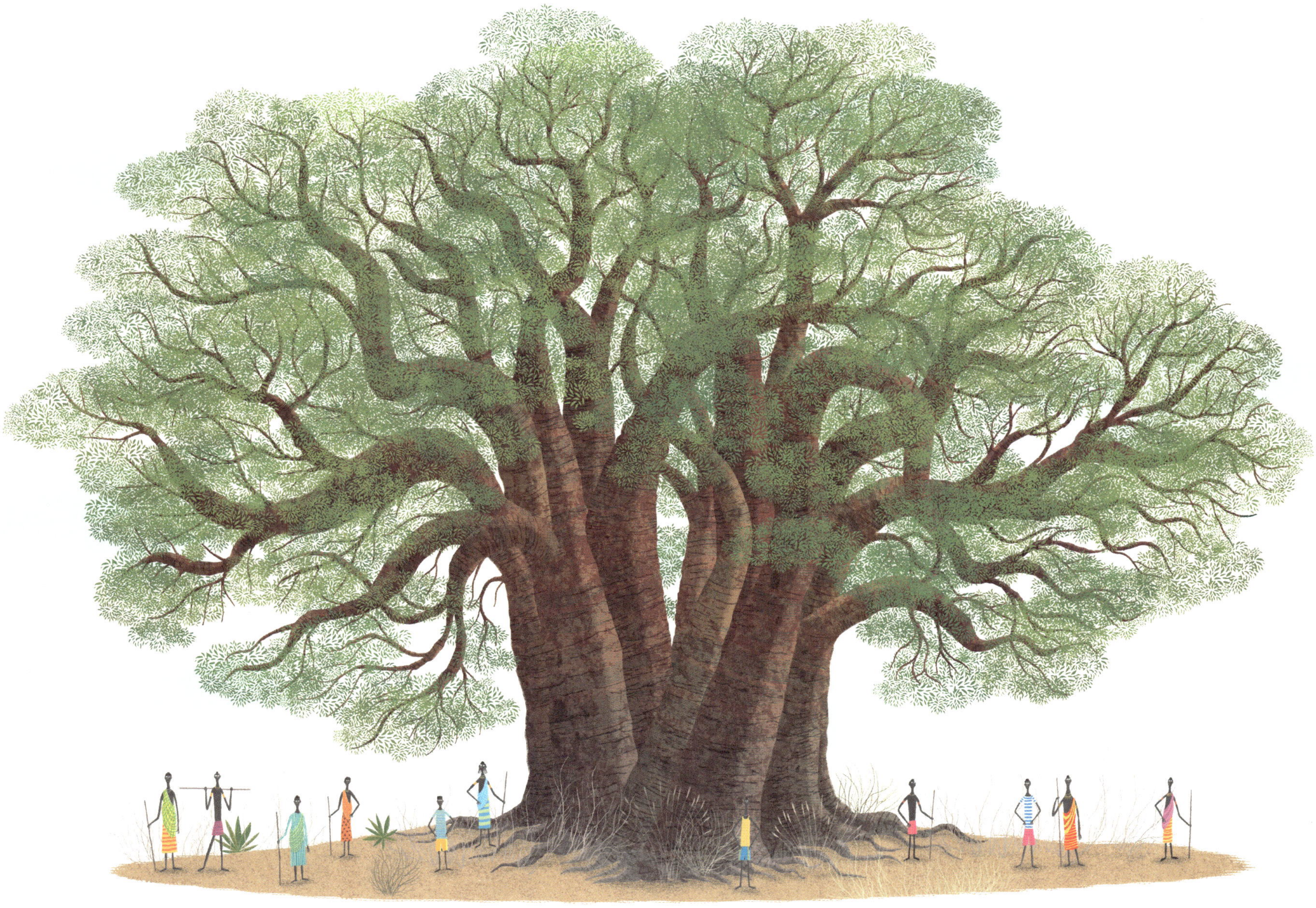

보이치에흐 그라이코브스키 글
피오트르 소하 그림 이지원 옮김

풀빛

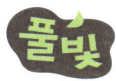

그림 1

생명의 나무

생명의 나무

나무는 지구상에 살아 있는 것 중에서 가장 큰 생명체입니다. 키가 100미터가 넘는 거대한 세쿼이아 앞에서는 사람은 물론이고 기린마저도 아주 작게 보여요. 먼 옛날 지구에 살았던 거대한 공룡도 세쿼이아 그늘 아래 숨을 수 있습니다. 어떤 나무는 수백 년 아니 수천 년까지도 살 수 있어요. 사람들은 '백 살까지 건강하게'라고 말하지만, 수천 년을 사는 나무에게 백 살은 삶의 시작일 뿐이죠. 몇 세기에 거쳐 자란 참나무는 우리 증조할아버지가 태어나기도 한참 전의 시대를 기억하고, 우리 증손자들보다 더 오래 살아남을 확률이 큽니다.

나무는 작은 씨앗에서 거대한 식물로 자라며 자연의 놀라운 힘을 보여 줍니다. 온화한 기후 지역 나무들은 봄마다 가지에 초록잎을 달고 꽃을 피우고, 열매를 맺고, 겨울이 오기 전에 나뭇잎을 떨어뜨립니다. 해마다 이와 같은 일을 반복하지요. 늙은 나무는 결국에는 죽지만, 그 나무가 있던 자리에는 새 나무가 자랍니다. 사실 이러한 순환은 나무만 하는 게 아닙니다. 지구에 있는 모든 것들이 계속해서 죽어가고 새로 태어납니다.

오랫동안 여러 문화권에서 나무를 성스럽게 여기고, 나무가 마법의 힘을 가졌고, 나무에 영혼이 깃들어 있다고 생각했어요. 그래서 나무는 문화와 예술 작품 속에 수없이 등장했지요. 왼쪽 그림은 멕시코에서 만든 '생명의 나무'입니다. 진흙으로 만든 조각 작품으로 나뭇가지 위에 여러 인물과 사건이 나타나 있어요. 밝은 색깔로 되어 있지만, 그 내용은 가볍지 않아요. 예수가 태어나기 전의 성경인 구약의 한 장면이나 삶과 죽음을 상징적으로 나타내는 장면이 많으니까요.

아주 옛날부터 나무는 사람들에게 실용적인 식물이었어요. 요즘은 값이 싼 합성 재료를 나무 대신 많이 쓰지만 목재는 여전히 요긴한 재료입니다. 사람들은 목재로 일상에 쓰이는 생활 도구부터 예술 작품은 물론, 건물도 지었어요. 이 책의 종이도 목재로 만들었고요. 나무는 인간이 태어날 때부터 죽을 때까지 함께한다고 말할 수 있습니다. 갓 태어난 아기들이 쓰는 요람부터 사람이 죽으면 들어갈 관까지 모두 나무로 만들었으니까요.

우리 곁에 나무와 나무로 만든 물건이 항상 있었기에 나무의 진가를 알아채지 못하는 것 같아요. 나무에게 얼마나 큰 도움을 받는지도 모르게 되었고요. 그런 의미에서 함께 나무에 대해 찬찬히 알아볼까요?

대나무 (아시아)

마디

대나무 줄기의 단면

유럽참나무 둥치의 단면

나무고사리 (호주)

나무고사리 줄기의 단면

코코넛야자 줄기의 단면

코코넛야자 (어디서 유래했는지 확실하지 않음)

여호수아나무, 단엽유카 (북아메리카)

서양개나리 (재배종)

나무는 단단하게 목질화된 나무 둥치 없이는 나무라고 부를 수 없어요. 나무둥치는 큰 나무의 밑둥으로 잎이 달린 가지를 최대한 높이 받쳐서 햇빛을 많이 받도록 해요. 둥치 안에서는 끊임없는 움직임이 일어나고 있어요. 뿌리에서부터 위쪽으로 물이 흐르고 잎에서 만들어진 물질들이 아래로 이동하거든요.

나무둥치는 매년 위로 자랄 뿐 아니라, 옆으로도 두꺼워져요. 덕분에 나무는 점점 더 튼튼해지고, 옆으로 뻗어 나가는 가지의 무게를 버틸 수 있어요. 나무는 대부분 둥치에 나타난 나이테(그림 17을 보세요.)를 보고 해마다 얼마나 두꺼워졌는지 알 수 있어요. 그런데 여호수아나무와 용혈수(그림 7, 8을 보세요.)는 나이테가 없어요. 모양도 일반적인 나무와 달라요. 줄기에서 갈라진 나뭇가지 끝에 깃털 모양으로 이파리들이 벌어져 있지요.

나무처럼 높이 자랐는데 굵어지지 않는 식물도 있어요. 야자나무과의 야자 대부분과 알로에, 나무고사리가 그래요. 학술적으로는 이런 식물들은 나무로 인정하지 않아요. 나무고사리를 보면 둥치처럼 보이는 게 사실은 뿌리 줄기예요. 이파리 아래로 자라 가는 뿌리들이 깃털처럼 펼쳐져서 땅까지 뻗어 있는 것이에요. 죽어 있는 부분이 더 많아요. 그러니까 나무고사리는 스스로 만든 퇴비 더미 위에서 자라는 셈이에요. 이처럼 나무처럼 보이지만 나무가 아닌 나무들이 많아요.

키가 10미터가 넘는 어떤 선인장은 사막에서 새들에게 나무 구실을 해 줘요. 새들은 선인장을 쪼아 속에 둥지를 만드는데, 그렇다고 선인장 줄기가 나무둥치는 아니에요. 선인장을 잘라 보면 가운데에 몇 개의 뻣뻣한 기둥 같은 관이 있고 주변은 물이 많고 부드러운 다육질이에요. 대나무는 숲을 이룰 정도로 무리가 커지기도 하지만 사실은 나무가 아니라 풀이랍니다. 풀과 친척인 대나무는 둥치처럼 보이는 게 실은 마디가 있는 속이 빈 줄기지요. 바나나 역시 둥치가 없어요. 둥치로 보이는 건, 줄기를 싸고 자라는 '잎집'이 서로 어긋나게 자란 '헛줄기'예요. 반을 갈라 보면 양파 속처럼 생겼어요. 키가 몇 미터나 되는 용설란 줄기는 사실은 꽃대예요. 용설란은 일생에서 단 한 번 꽃을 피운답니다.

덤불은 나무보다는 키가 작고, 여러 개의 목질화된 줄기를 가지고 있습니다. 그러나 나무도 여러 개의 둥치가 있을 수 있어서 나무와 덤불의 차이는 확실하지 않답니다.

아이들은 어른들에게 "밥을 잘 먹지 않으면, 키 안 큰다!"는 말을 정말 자주 들어요. 성장기 아이들은 영양가 있는 음식을 먹어야 쑥쑥 자라고, 활동할 수 있으니까요. 사람은 영양분을 섭취하지 않고서는 살아갈 수 없어요. 하지만 나무들은 그렇지 않아요. 특별한 무언가를 먹지 않고도 쑥쑥 자라면서 엄청나게 클 수 있답니다.

나무는 물과 햇빛 그리고 공기만 있으면 돼요. 뿌리를 통해 흙에서 물을 흡수하고 잎으로는 햇빛과 공기를 잡아요. 그러니까 뿌리와 잎은 나무에게 가장 중요한 부분이라고 해도 될 거예요. 나무둥치와 나뭇가지는 잎이 햇빛을 많이 받을 수 있도록 해 주며 나무 전체를 잘 지탱하는 일을 해요.

잎은 공기 중에 떠다니는 이산화탄소를 흡수해요. 나뭇잎 뒤쪽에 난 작은 구멍을 통해서요. 잎에는 초록색 색소인 엽록소가 있어요. 엽록소는 햇빛을 빨아들여 빛 에너지를 식물이 쓸 수 있게 해 줘요. 빛 에너지가 어디에 쓰이냐고요? 바로 광합성에 쓰여요. 광합성은 빛 에너지를 이용해서 물과 이산화탄소로 유기물을 만드는 것이에요. 유기물은 식물에게 밥과 같지요. 잎에서 일어나는 광합성 덕분에 둥치와 가지, 뿌리가 자라날 수 있는 거예요. 정말이에요. 믿기 어렵다 할지라도, 키가 수백 미터가 되는 커다란 나무도 공기와 햇빛, 물만 먹고 자란 것이랍니다.

나뭇잎이 햇빛을 쬐며 공기 중의 이산화탄소를 흡수하고 광합성을 할 때는 나뭇잎 안에서 인간과 동물이 숨을 쉬는 데 꼭 필요한 산소가 만들어져요. 나뭇잎이 하는 일을 보면 불과는 반대의 일을 해요. 불은 나무를 태우면서 그 과정에서 산소를 쓰고 이산화탄소를 내뿜으니까요. 그럼 나무와 불은 서로 균형을 이루는 관계일까요? 그런 건 아니에요. 불은 불과 몇 분 안에 수년 동안 나무들이 만들어 온 것을 없애 버릴 수 있으니까요.

모든 나무에겐 잎이 있어요. 잎이 넓적한 활엽수부터 잎이 뾰족한 바늘처럼 생긴 침엽수까지, 그 생김새는 다르지만 하는 일은 같아요. 나뭇잎의 모양은 정말 다양해요. 작은 비늘 같은 측백나무잎도 있고, 크기가 20미터나 되는 라피아야자잎(그림 14를 보세요.)도 있어요. 이파리가 마치 줄기처럼 보이는 나무들(예를 들면 켄터키 커피나무나 우의목)도 있지만, 그건 그냥 그렇게 보일 뿐이랍니다. 옆의 그림은 나무 이파리를 한 장씩 그린 것이에요!

뿌리가 하는 중요한 일은 흙 속에 녹아 있는 무기질과 물을 흡수하는 일이에요. 뿌리로 빨아들인 무기질과 물은 나무 속에 있는 가는 관을 통해 줄기 구석구석까지 전해져요. 아주 작은 이파리까지 빼놓지 않고 전해지지요. 그다음으로 뿌리가 하는 중요한 일은 나무가 넘어지지 않도록 바닥에 단단히 뿌리 내리는 일이에요. 키가 큰 어떤 나무들은, 예를 들어 '헤리티에라 리토랄리스' 같은 나무는 판자처럼 생긴 거대한 뿌리로 나무를 지탱해요. 남미의 '걸어 다니는 야자나무'라고 불리는 소크라테 엑소리자는 긴 뿌리가 목발처럼 나무를 지탱해요. 학자들은 이런 뿌리 덕분에 나무가 둥치를 두껍게 하는 데 에너지를 낭비하지 않아서 더 높이 자랄 수 있었다고 봐요.

맹그로브 숲을 이루는 나무들도 모양이 특이해요. 붉은 맹그로브라 불리는 '리조포라'는 파도에 맞서 지탱하는 뿌리가 필요해요. 둥치에서 아치형으로 뻗어 자라는 뿌리가 독특한 모습을 만들지요. 그런데 맹그로브가 자라는 해안가 흙에는 산소가 별로 없어요. 그래서 맹그로브는 부족한 산소를 얻으려고 뿌리가 직접 물 밖으로 나오기도 해요. '소네라티아 알바'라는 맹그로브 뿌리는 마치 뾰족뾰족한 작대기가 꽂혀 있는 것처럼 보이지요.

뿌리는 범죄의 도구이기도 해요. 반얀나무라고 불리는 나무는 무화과나무속에 속하는 나무로, 새들의 도움으로 다른 나무 위에서 싹을 틔워요. 다른 나무 위에서 자라니까 햇빛을 더 잘 받고, 물은 빗물로 확보할 수 있어요. 반얀나무의 뿌리는 싹을 틔운 나무를 감싸며 서서히 아래로 내려가 결국은 땅속에 깊이 박혀요. 반얀나무 뿌리는 점점 더 굵어지면서 싹을 틔운 나무를 꽉 조이고, 결국 숙주인 나무는 죽게 되어요. 몇 년 후엔 나무가 있던 흔적도 사라지고, 반얀나무 안에 빈 공간만이 남아요. 오래된 반얀나무는 가지에서부터 뿌리를 뻗어 내리는데, 이 뿌리는 땅에 닿으면 새로운 나무둥치가 돼요. 인도 하우라 지역에서 자라는 거대한 반얀나무는 마치 숲처럼 보인답니다. 단 한 개의 뿌리에서 자란 이 나무는 무려 3천7백 개가 넘는 나무둥치와 폭이 500미터가 넘는 가지를 자랑한답니다.

인도에서는 인도고무나무로 '살아 있는' 다리를 만들어요. 나무를 잘라 만든 다리가 아니라 살아 있는 나무 뿌리와 덩굴을 계속 얽히게 해서 만든 다리예요. 이 살아 있는 다리는 다른 구조물과 달리 스스로 수리가 가능하고, 시간이 지날수록 더 튼튼해져요. 어떤 다리는 몇 백 년 동안 아직도 튼튼하게 잘 쓰이고 있답니다.

'걸어 다니는 야자나무'
소크라테 엑소리자 뿌리

오래된 무화과나무 뿌리

기생하던 반얀나무 뿌리가 숙주를 에워싼 모습

그림 4

뿌리

케이폭나무 뿌리

맹그로브 '헤리티에라 리토랄리스'(퍼즐 푸르트)

인도고무나무 뿌리로 만든 다리

맹그로브 '리조포라'를 지탱하는 뿌리

맹그로브 '소네라티아 알바'의 숨 쉬는 뿌리

반얀나무 뿌리에서 자란 나무둥치들

그림 5

나무의 사계절

전나무 솔방울

마가목 열매

도토리
(참나무의 열매)

나무

도 다른 생명체처럼 환경의 변화에 맞춰 살아요. 봄, 여름, 가을, 겨울, 사계절의 변화에 맞춰 부지런히 변하는 나무들을 살펴볼까요?

봄은 나무가 잎과 꽃을 피우는 계절이에요. 그림에 나온 마가목처럼, 많은 나무들이 수정해 줄 곤충들을 유혹하려고 화려하고 향기로운 꽃을 피워요. 멀리서도 잘 보이게요. 참나무와 전나무처럼 바람의 도움으로 수정하는 식물은 꽃이 눈에 띄지 않아도 괜찮아요. 여름에 나무는 햇빛과 영양분을 열심히 모아요. 수정된 꽃들은 열매나 솔방울이 되어 천천히 익어 가요. 열매 안에는 씨가 숨어 있어요.

씨를 뿌리는 방법과 시기는 종마다 달라요. 전나무 솔방울은 가을에 떨어지고 날개가 달려 있는 열매는 바람에 실려 가요. 그때 참나무 가지에서는 도토리가 떨어져요. 다람쥐, 어치 등 동물들이 도토리를 모아 땅속에 파묻으며 겨울을 준비하지요. 하지만 동물들은 자기가 어디에 도토리를 숨겨 놓았는지, 그 자리를 다 기억하지 못해요. 봄이 되면 동물들의 잊혀진 식량에서 가끔은 싹이 튼답니다.

마가목 열매는 배고픈 새가 꿀꺽 삼켜 줄 때까지 참을성 있게 가지에서 기다려요. 새 배 속에 있다가 배출된 씨앗은 새로운 마가목 싹을 틔우지요. 어떤 나무들은 봄이 올 때까지 기다리기도 해요. 솔방울은 봄이 되어야 열리고 바로 싹을 틔운답니다.

그렇다면 왜 나무들은 가을에 잎을 떨어뜨릴까요? 그건 이파리 뒤에 있는 작은 구멍에서 계속해서 물이 증발해서 그래요. 뿌리가 열심히 일해서 물을 계속 채울 수 있다면 아무 문제가 없어요. 하지만 추운 겨울 동안 뿌리는 제대로 일하지 못해요. 물도 땅속에 스며드는 대신 눈이 되어 땅 위에 남아 있지요. 뜨거운 기후 지역에서는 건기에 물이 부족하게 돼요. 두 가지 경우 모두 나무는 수분을 간직하려고 잎을 포기해요.

잎이 떨어지기 전에 잎에서 화학적인 변화가 일어나기도 하는데, 그 덕분에 빨강 노랑, 단풍을 보는 거예요. 겨울에도 푸른 나무는 물이 적어도 잘 견디는 잎을 가진 침엽수들이에요. 늘씬한 침엽수 잎 모양과 아래쪽을 향한 가지는 눈을 땅으로 떨어뜨리지요. 만약 활엽수들도 겨울까지 잎을 푸르게 보전하려고 했다간 나무 전체가 눈으로 덮여 눈의 무게로 가지가 부러지고 말 거예요.

나무

에게 여행하는 취미가 있다고 하면 절대 믿지 않겠지요? 하지만 한번 생각해 봐요. 모든 나무가 씨앗 안에 숨은 작은 미생물이었고 씨앗은 언제나 중요한 여행을 떠나잖아요. 싹 틔울 어느 곳으로 떠나는 여행 말이에요.

'콩 심은 데 콩 나고 팥 심은 데 팥 난다.'는 속담처럼 사람들이 가꾸는 과일은 그 나무 근처에 떨어져요. 하지만 야생 사과나무는 그렇지 않아요. 야생 사과는 새들의 별미지요. 새들의 위장에 실린 씨앗은 새똥과 함께 곳곳에 흩어져 떨어져요. 똥과 함께 씨앗이 떨어지니, 퇴비도 이미 뿌려진 것이지요. 야생 사과나무처럼 빨간 열매나 파랗고 검정색의 열매들은 하늘에서 날고 있는 새들 눈에 잘 띈답니다.

씨앗을 먹는 건 새만이 아니에요. 원숭이와 곰, 그리고 주로 과일을 먹는 거대한 박쥐의 도움도 무시할 수 없어요. 19세기 중반, 모리셔스 공화국 에그렛섬에 살던 알다브라 코끼리거북의 멸종 위기는 그 섬에서 자라던 감나무속의 '에그레타룸'에도 큰 재앙이었어요. 알다브라코끼리거북이 에그레타룸 열매를 먹고 씨앗을 배출해 주었거든요. 다른 동물들은 이 나무 열매를 먹을 만큼 크지 않았어요. 결국 이 문제는 2000년에 옆 나라 세이셸에서 데려온 자이언트 육지 거북 때문에 겨우 낫게 할 수 있었대요.

많은 나무들은 바람에 날려 갈 수 있는 씨앗을 만들어요. 보통은 침엽수나 단풍나무 씨앗처럼 날개가 있거나 양버즘나무 씨앗처럼 털이 나 있어요. 그래서 씨앗이 땅으로 천천히 떨어지기도 하고 더 멀리 날아가요. 씨앗이 날리는 순간도 중요하답니다. 자연적으로 화재가 자주 일어나는 숲에서는 재가 식은 후가 가장 좋은 시간이에요. 그래서 세쿼이아덴드론(자이언트세쿼이어 혹은 빅트리, 거삼나무라고 불러요.)의 솔방울이나 다른 소나무 솔방울, 유칼립투스 열매 등은 주위 온도가 높아지면 씨 뿌릴 준비를 해요.

바닷길로 여행하는 씨들은 드물어요. 세르베라 오돌람이나 코코넛야자 열매인 코코넛은 물에 둥둥 떠요. 신기하게도 수백 년 동안 코코넛을 재배해 왔는데도 불구하고, 재배종 코코넛은 야생 코코넛보다 훨씬 수영을 못해요. 재배종 코코넛의 영양가가 더 많을지 몰라도요. 지금은 코코넛을 사람이 퍼뜨려요. 그래서 물에 뜨는 노력을 할 필요가 없기도 해요. 후라 크레피탄스 열매는 좀 더 독립적이에요. 열매가 다 익으면 바싹 마르다가 커다란 소리를 내며 갈라지며 씨를 뿌린답니다.

빅사 오렐라나 열매 (립스틱나무) · 스타프루트 · 모감주나무 · 말레이날여우박쥐 · 빅나이 · 코코넛야자 · 델로닉스 레기아(불꽃나무) · 비롤라 수리나멘시스 · 클루시아 · 후라 크레피탄스 · 개솔송나무 · 알레포소나무 · 황여새 · 단풍나무의 씨 · 람부탄 · 양버즘나무의 열매 · 세쿼이아덴드론

아라우카리아 아라우카나
(안데스산맥)

사시나무알로에
(남아공과 나미비아)

알루아우디아 프로케라
(마다가스카르)

펜난티아 바일리시아나
(쓰리 킹즈 제도, 뉴질랜드)

부채야자
(멜라네시아)

어떤 나무들은 광대한 지역에 거쳐 자라는 걸 볼 수 있어요. 예를 들어 백자작나무는 서유럽 지역뿐 아니라 시베리아에서도 자라요. 그러나 어떤 나무들은 일부 지역에서만 자라요. 왜자작나무(그로사 자작나무)는 일본에서만 자라요. 이처럼 어느 한 지역에만 있는, 특정한 생물의 종을 '고유종'이라고 해요. 고유종은 나무에게만 쓰는 말이 아니라, 뉴질랜드에서만 사는 키위 새나 바이칼 호수에만 사는 바이칼 물개 같은 동물에게도 쓰는 말이에요.

고유종이 있는 지역은 보통 다른 세계와 격리되어 있어요. 외떨어진 섬이나 높은 산으로 가로막힌 지역이 많아요. 이런 조건에서 나무들은 멀리 씨앗을 퍼뜨릴 수 없어서 몇백 년 동안 자기 고향에만 머물게 되지요. 그러면서 다른 곳에서는 볼 수 없는 새로운 종으로 진화하기도 해요.

가끔은 고유종이 거의 멸종된 식물 중에 살아남은 소수 나무일 때도 있어요. 예를 들어 세르비아가문비나무는 예전에는 유럽 여러 지역에서 자랐지만, 빙하기에 거의 멸종하고 말았어요. 지금까지 살아남은 것은 발칸반도 산기슭에서 자라는 몇몇 종뿐이에요. 1875년에 발견됐지요. 현재 세르비아가문비나무는 여러 나라에서 재배종으로 기르고 있어요.(그림 8을 보세요.)

많은 고유종 나무들이 자라는 곳은 인도양의 두 섬, 마다가스카르와 소코트라예요. 소코트라섬 나무들의 37%, 그리고 마다가스카르섬의 80%에 이르는 식물들이 고유종으로 여겨지고, 그중에는 나무들이 많아요. 그중 가장 신기한 나무들을 옆의 그림에서 볼 수 있어요. 마다가스카르에는 지구상에 살아남은 아홉 종의 바오밥나무 중 무려 여섯 종이 살고 있어요.(그림 9를 보세요.)

세상에서 가장 희귀한 고유종은 뉴질랜드 근처 쓰리 킹즈 제도에 사는 펜난티아 바일리시아나예요. 자연 상태로 남아 있는 것은 단 한 그루예요! 나머지는 이 섬에 사람들이 들여온 염소들이 모두 먹어 치워 버렸어요. 불행히도 남은 한 그루는 암나무인데, 수나무가 없어 더 이상 씨앗을 만들 수가 없어요. 펜난티아 바일리시아나에서 잘라 낸 가지에서 새 나무를 싹 틔우는 데 성공했지만, 역시 암나무였어요. 그러나 호르몬 요법을 실시한 결과(놀랍게도 나무에게도 호르몬이 있답니다.), 몇몇 나무들은 수정이 가능해졌고 이후에 씨앗을 얻기 위한 수정을 시도할 예정이랍니다.

그림 8

부채파초
(마다가스카르)

도르스테니아
기가스
(소코트라)

비스마르키아
노빌리스
(마다가스카르)

사막장미
(소코트라)

용혈수
(마카로네시아)

세르비아
가문비나무
'브룬스'
(발칸)

사막장미
(소코트라)

사막장미
(소코트라)

바오밥나무

바오밥 나무는 일 년에 두 계절, 건기와 우기만 있는 지역에서 자라요. 건기는 일 년 중 비가 거의 내리지 않는 때를 뜻하고 우기는 비가 많이 오는 때예요. 우기에 바오밥나무는 몇 달에 걸친 건기를 견딜 수 있도록 거대한 줄기 속에 물을 저장해요. 건기가 오기 전에 나뭇잎을 떨어뜨려 수분의 증발을 막기도 해요.(그림 5를 보세요.) 잎이 없는 구부러진 가지들은 헝클어진 뿌리 모양을 연상시켜요. 이 때문에 바오밥나무를 화가 난 신이 통째로 뽑아 땅에 거꾸로 꽂은 나무라고 하는 건지도 몰라요.

지구상에 알려진 바오밥나무는 아홉 종류예요. 그중 여섯 종류가 아프리카 남동 해안선에서 500킬로미터나 떨어진 곳에 있는 마다가스카르에서만 자라요. 두 종류는 아프리카 대륙에서 자라는데, 너무 비슷하게 생겨서 최근까지도 같은 나무로 여겼어요. 2012년에 이르러서야 유전자 검사를 통해 서로 다른 나무라는 것이 밝혀졌지요. 그럼 남은 한 종류는 어디에 있을까요? 바로 호주에서 자라고 있어요. 학자들은 어떻게 이토록 멀리까지 바오밥나무가 여행한 것인지 지금까지 밝혀내지 못하고 있답니다.

가장 유명한 바오밥나무는 남아프리카에 있는 '선랜드'라는 농장에서 자라고 있어요. 전성기 때는 정말 컸어요. 나무둥치를 재는 방식에 따라, 나무둥치 지름이 33미터 혹은 47미터예요. 두 개의 둥치를 가진 이 거대한 나무는 세상에서 가장 굵은 둥치를 가진 나무로 경쟁자가 없을 지경이랍니다. 다른 거대한 바오밥나무들처럼 선랜드 농장의 바오밥 나무는 시간이 지남에 따라 가운데가 비어 두 개의 구멍이 생겼어요. 그중 한 곳에는 농장 주인이 아늑한 술집을 만들고, 다른 한 곳은 포도주 저장고로 이용하고 있어요. 언제나 22도의 온도를 유지하거든요.

바오밥나무는 나이테가 생기지 않아서(그림 17을 보세요.) 나이를 측정하는 것은 어려워요. 연구에 따르면, 선랜드의 바오밥나무는 수령이 최소한 1,000년이 넘었고, 6번의 화재를 겪었다고 해요. 그런데 최근 몇 년은 이 나무에게 힘든 시간이었어요. 2016년과 2017년에 둥치의 다른 부분이 또 무너져서 이제 나무 일부분만 살아 있어요. 농장 주인은 죽은 나무를 치우지 않기로 해서, 아직도 이 나무를 보고 옛날의 거대한 크기를 상상해 볼 수도 있답니다.

그림 9

작은 나무여도, 어느 생명체에게는 산더미같이 쌓인 먹을거리가 될 수 있어요. 나무의 모든 부분이 맛있는 먹을거리겠지만, 초록빛 잎과 새로 난 가지가 가장 인기가 많아요. 잎에서 깨어난 나비 애벌레(2, 4, 21)는 먹을 것이 잔뜩 차려진 식탁에서 생을 시작하는 것과 같아요. 캐나다산미치광이(3)는 가리는 것이 없어요. 과일은 물론 어린 잎이나 초목의 눈, 바늘잎과 나무껍질까지 먹어 치우니까요. 큰겨울잠쥐(20)는 작은 나뭇잎과 과일, 견과류와 도토리를 먹어요. 코알라(5)는 식성이 까다로워 유칼립투스 나뭇잎만 먹지요. 동부회색청설모(7)는 과일과 견과류를 좋아하지만 나무껍질을 뜯어 먹는 통에 나무를 손상시키기도 해요. 솔로몬 제도의 솔로몬섬도마뱀(1)은 채식주의라(도마뱀 중에서는 드문 일이죠!) 잘 먹으려면 나뭇가지 속을 돌아다녀야 해요. '몽키테일스킨크'라고도 불려요. 모로코에서 자라는 아르간나무는 염소(15)의 먹이이기도 한데, 염소는 나뭇가지와 나뭇잎을 마구 뜯어 먹는답니다.

그럼 가지에 올라가지 못하는 동물은 어떻게 살까요? 사슴(12)은 나무 아래쪽에 난 어린 잎을 갉아 먹지만, 코끼리(23)와 기린(18)은 거기서 그치지 않아요. 긴 코와 긴 목으로 땅에서 발을 떼지 않고도 나뭇가지에 닿을 수 있으니까요. 비버(6)는 아예 나무를 쓰러뜨려요. 비버의 날카로운 이빨은 두꺼운 나무 둥치도 갉을 수 있는데, 이렇게 나무가 땅에 쓰러지고 나면 맛있는 이파리와 새싹들은 쉽게 먹을 수 있지요.

둥치나 줄기와 같은 목재를 좋아하는 생물들도 있어요. 풍뎅이 종류의 애벌레들, 나무좀(14), 하늘소(16), 바구미(9) 등이 잔치를 벌인 나무껍질 속에는 벌레들이 먹고 나간 자국(8)이 생겨요. 사슴벌레 애벌레는 참나무의 빈 구멍을 좋아하는데, 다 큰 사슴벌레(10)는 상처 난 나무진을 빨아 먹는 것을 좋아해요. 나무진을 빨아 먹는 데 더 위협적인 곤충은 유리날개저격병(19)이라고 불리는 나방인데 감귤류나무와 아몬드나무에 해를 끼쳐요. 그러나 나무에 해로운 것으로는 풀무치(22)가 으뜸이에요. 식성이 아주 단순해서 초록색인 모든 것을 먹어 치우며 어마어마한 흔적을 남기지요.

마지막으로 버섯에 대해서도 한마디. 버섯은 모든 죽은 나무를 먹어 치우는데, 어떤 버섯(11,17)들은 산에서 자라는 나무에 기생해요. 하지만 가장 신기한 것은 가위 개미(13)가 땅속에 기르는 버섯이에요. 가위 개미는 이 버섯을 기르기 위해 나뭇잎을 잘라 버섯에게 먹인답니다.

나뭇가지 위는 살기 좋은 장소입니다.

먹을 것을 구하기도 쉽고(그림 10을 보세요.) 빽빽하게 자란 잎들이 비와 태양, 바람을 막아 주니까요. 무엇보다 나무 위는 땅 위를 돌아다니는 맹수들을 피할 수 있는 안전한 곳이기도 합니다. 물론 가지 사이를 어슬렁거리는 다른 위협도 있지만요.

하지만 나뭇가지 위에서 살려면 일단 그 위로 올라갈 수 있어야겠지요. 새와 박쥐, 곤충은 날갯짓 몇 번이면 금세 올라갈 거예요. 혹은 머리를 아래로 해서 가지에 매달리면서요. 다른 생물들은 기어 올라갑니다. 원숭이들은 손과 발로 가지를 끌어안을 수 있어요. 줄기로 그네를 타거나 가지 위를 뛰어다니고, 매달리는 등 여러 동작을 자유롭게 취할 수도 있지요. 꼬리 역시 손처럼 가지를 잡을 수 있어 유용하게 쓰입니다.

다른 생물들은 뾰족한 발톱을 이용해서 나무에 오릅니다. 크고 작은 고양이과 동물들과 다람쥐, 담비 또는 말레이천산갑 같은 동물이지요. 나무에 붙어 사는 거미들은 뾰족한 발톱 외에도 몸무게를 지탱할 수 있는 가는 털이 발끝까지 뒤덮여 있어서 나무에 잘 붙어 있어요. 도마뱀이나 개구리도 발에 있는 작은 돌기로 나무를 오를 수 있지요.

한 나무에서 평생 살고 싶지 않다면, 옆의 나무로 뛰는 법을 배워야 합니다. 하늘다람쥐와 날다람쥐는 팔을 쭉 펴서 날개처럼 만들고, 몸은 마치 작은 기둥처럼 만들어서 나무에서 뛰어내릴 수 있습니다. 나무 위에서 일생을 보내는 나무늘보는 거의 아래로 뛰어 내려오지 않아요. 용변을 해결할 때만 땅에 내려옵니다. 가지에서 가지로 다니는 것보다는 힘을 아끼는 편을 더 좋아하지요. 잘 움직이지 않는 나무늘보는 몸에 초록빛 박테리아들이 붙어 있어서 맹수들에게 몸을 잘 숨길 수 있어요.

나뭇가지 위에서 혼자 잘 다닐 수 없는 어린 생물들은 부모의 도움을 받습니다. 어린 새들은 나뭇가지 위에 마련된 둥지 안에 있거나, 나무둥치에 뚫은 구멍 속에 숨어 있어요. 원숭이와 원원류, 나무늘보는 배나 등에 새끼를 메고 다니고, 말레이천산갑은 꼬리에 새끼를 태우고 다닙니다. 어린 거미원숭이는 엄마 등에 꼭 붙어 행여나 무슨 일이 있을까 봐 자기 꼬리로 엄마 꼬리를 감고 있습니다. 땅으로부터 몇 십 미터나 떨어진 곳에 사는 식구들이라면, 항상 조심해서 나쁠 건 없으니까요.

그림 12

위장

숲은

유행을 타지 않습니다. 새로운 유행이 설 기회가 없지요. 수백만 년 전부터 거의 모든 숲속 동물들은 여러 색조의 갈색, 회색, 초록색 옷을 입어 왔습니다. 나뭇잎이나 나무껍질, 옹이와 비슷한 무늬는 어느 때나 인기가 많았지요. 왜 그러냐고요? 숲속에 사는 생물들은 나무와 비슷하게 보이기를 원하기 때문이에요. 예쁘게 보이기 위해서가 아닌, 살아남기 위해서지요.

효과적인 위장술은 많은 생물들에게 아주 중요합니다. 동물들은 살아남기 위해 최선의 노력을 다합니다. 작은 쥐부터 늑대까지, 숲에 사는 포유류 대부분이 회색과 갈색의 털로 뒤덮여서 나무둥치, 낙엽 등과 잘 구분되지 않아요. 새들은 좀 더 화려한 색깔일 때가 많은데 화려한 색깔의 새는 암컷에게 잘 보이고 싶은 수컷일 때가 많습니다. 암컷 새들은 깃털이 수수하고 눈에 잘 띄지 않는 색이 많아요.

낮에 자고 밤에 활동하는 야행성 동물에게는 배경에 녹아드는 능력이 특히 중요합니다. 그래서 부엉이(17)의 깃털 무늬는 나무껍질과 닮았고, 포투(15) 역시 나뭇가지와 비슷하게 보이는데다가 잠잘 때는 영락없이 부러진 가지처럼 보여요. 도마뱀(14)들은 위장술의 명수예요. 깜빡 속을 정도로 몸의 생김새와 색깔이 마른 나뭇잎이나 나무옹이와 닮아 있어요. 카멜레온(20)은 주위 환경에 잘 숨지요. 천적이 나타나면 더 잘 숨으려고 몸 색깔을 바꾸기도 해요. 그러나 이 특별한 재능은 사실 다른 카멜레온과의 의사소통에 더 자주 쓰인답니다.

변장술에 있어서 최고의 명수는 벌레들이에요. 대벌레(10, 18)는 생김새가 나뭇가지와 굉장히 비슷해요. 잎사귀벌레(3, 7, 13)와 사마귀들(4, 5, 19, 22), 여치과 벌레들(1, 6, 11, 12, 16, 21), 노린재목 곤충(9)과 대벌레(8)가 가장 잘하는 일은 잎 아래 숨어서 잎인 척 하는 것이지요. 커다란 잎, 작은 잎, 완벽한 모양의 잎, 벌레 먹은 잎, 초록 잎, 마른 잎 등등 벌레들은 모든 잎처럼 보일 수 있어요. 벌레들의 날개는 위장을 했다, 안 했다 마음대로 할 수 있어요. 많은 나비(2)들은 아름다운 색의 날개로 짝을 유혹하지만, 숨어야 할 때는 날개를 접어 마치 마른 이파리같이 생긴 뒷면을 드러낸답니다.

죽은 잎과 나뭇가지, 그리고 나무 둥치는 나무가 죽은 후에 매우 빨리 썩어서 아주 먼 옛날 지구에서 자라던 나무의 자취를 찾아보기는 힘들어요. 다행히 어떤 나무는 그 모습이 돌에 새겨져서 전해지기도 합니다. 그게 어떻게 가능하냐고요? 예를 들어 나뭇잎이 호수에 가라앉았고, 그 위에 진흙이 쌓였다고 상상해 봐요. 시간이 지나면서 더욱더 많은 진흙이 쌓이고, 아랫부분은 점점 더 많은 압력을 받아 나중에는 돌처럼 단단해질 거예요. 이미 나뭇잎은 가루가 되었겠지만, 돌처럼 단단해진 진흙에는 나뭇잎의 자국이 남아 있지요. 혹은 땅속에 묻힌 나무가 미네랄이 가득한 물을 잔뜩 흡수할 경우가 있어요. 나무가 살아 있을 때는 액체나 공기로 채워져 있던 곳에 물이 차고, 나무 안에서 미네랄이 분해되며 옛날 나무 모습을 그대로 간직한 단단한 돌로 변해 전해지기도 합니다.

가끔 아주 운이 좋을 때는 숲 전체가 화석화되어 남겨질 수도 있어요. 화석화된 숲 중에 가장 오래된 숲은 1870년대 뉴욕주 근처에 있는 길보아라는 작은 도시 주변에서 발견되었어요. 이곳에서는 3억 8천5백만 년이나 된 나무둥치 아랫부분이 발견되었지요. 그러나 백 년도 넘게 실제로 이 나무가 어떻게 생겼을지는 밝혀내지 못했어요. 그러다 2005년이 되어서야 그 모습을 상상할 수 있게 하는 화석이 발견되었어요. 나무의 이름은 '와티에자'라고 붙여졌는데, 높이는 8미터이고 가지에는 잎 대신 여러 갈래로 갈라진 가는 줄기들이 붙어 있었대요. 씨앗도 꽃도 피우지는 않았어요. 식물에 꽃이 피고 씨앗이 생긴 건 와티에자가 살던 시대보다도 훨씬 이후에야 일어난 일이니까요. 와티에자는 이끼나 고사리처럼 '포자'라 불리는 홑씨로 번식하였답니다.

와티에자가 살던 시대부터 몇 천만 년 동안 포자로 번식하는 식물들이 왕성히 자랐어요. 거대한 칼라미테스는 마치 나무처럼 높이 자라 숲을 이루었어요. 이후 씨앗으로 번식하는 식물들이 그 자리를 대신했어요. 우리 시대까지 남아 있는 작은 속새류들은 이들과 친척 관계에 있던 식물들이에요.

선사 시대 식물들은 과학자들에게만 중요하지는 않아요. 2천9백만 년 전에 끝난 석탄기 때에 죽은 식물에선 석탄이 만들어지니까요. 우리는 용광로와 발전소에서 석탄을 태워 에너지를 얻어요. 이 말은 즉, 공룡도 존재하지 않던 때에 식물들이 모아 놓은 에너지를 쓰는 것이랍니다.

세상에서 가장 큰 나무는 캘리포니아에 있는 세쿼이아로, 하이페리온이라는 이름이 붙었어요. 키가 무려 115.6미터나 되어요. 하이페리온의 키는 열성적인 연구자들이 나무 꼭대기까지 줄자를 들고 올라가서 재었어요. 2등은 '마운틴 애시'라고 불리는 호주의 유칼립투스 레그난스가 차지한 지 얼마 안 되어요. 그다음 나무는 미국 오리건에 있는 도너 미송이에요. 도너 미송은 호주의 유칼립투스 레그난스와 경쟁하고 있어요. 132.6미터에 달했던 유칼립투스 레그난스가 1872년에 쓰러졌다는 기록과 146미터에 달했던 도너 미송이 1897년에 잘렸다는 기록이 나왔거든요. 그런데 한 가지 문제가 있어요. 당시 나무 높이를 얼마나 정확히 재었는지는 확인할 수가 없거든요. 하지만 앞으로는 아마도 유칼립투스가 유리할 수 있어요. 유칼립투스는 아주 빨리 자라서 금세 예전의 크기까지 자랄 것처럼 보이거든요. 이렇게 빨리 자라는 덕분에 유칼립투스 디베르시콜로르는 유럽에서 가장 키가 큰 나무가 되었어요. 1890년에 호주에서 가져와 포르투갈에 심은 이 나무는 거의 100년 만에 유럽 대륙의 모든 나무들보다 크게 자랐어요.

열대 지역에서 가장 큰 나무이자 아시아 지역에서 가장 큰 나무는 말레이시아의 쇼레아 파구에티아나예요. 남미에서는 베네수엘라에서 자라는 엘 피에 그란데라는 이름이 붙은 지란테라 카리벤시스가 가장 큽니다. 야자나무 중에서도 세로실론퀸듀엔제라는 종류의 야자나무가 가장 크게 자라요. 콜롬비아와 페루에서 자라는 야자나무 중에는 60미터 가까이 자란 나무도 있다는데 정확한 자료로 공표되어 있지는 않아요.

우리나라에서 가장 키가 큰 나무는 경기도 양평에 있는 용문사 근처에서 자라는 은행나무예요. 천연기념물 제30호로 지정된 이 나무는 높이가 42미터 조금 더 되어요. 아파트 높이로 따지면 14층 정도랍니다. 나무 둥치 둘레도 15.2미터로 굵지요. 천백 년 정도 된 나무로 알려졌어요.

오른쪽에는 세상에서 가장 큰 나무들과 비교를 위해서 크기로 유명한 건축물과 평범한 참나무, 사과나무, 양버즘나무 등을 그려 넣었어요. 다른 쪽으로 큰 나무도 볼 수 있습니다. 몬테주마낙우송인 아르볼 델 툴레는 세상에서 가장 굵은 나무이고, 제너럴 셔먼은 가장 부피가 큰 나무둥치(그림 15를 보세요.)를 가지고 있어요. 라피아 야자나무는 세상에서 잎이 가장 긴 나무로, 어떤 이파리는 25미터나 되기도 한답니다.

세상에서 가장 굵은 나무

나무

의 굵기는 땅으로부터 130센티미터 위에서 측정합니다. 물론 그 아래 둥치가 좀 더 굵기도 하지만, 이 정도 높이에서 재야 몸을 굽히지 않고 재기가 편리하지요. 너무 땅과 붙어서 재게 되면 나무 둥치를 재는 것인지 높이 올라온 뿌리 굵기를 재는 것인지 헷갈릴 수도 있답니다.

세상에서 가장 굵은 나무는 멕시코에 있는 몬테주마낙우송으로, 아르볼 델 툴레라는 이름으로 불립니다. 아르볼 델 툴레는 '툴레의 나무'라는 뜻이에요. 산타 마리아 델 툴레라는 도시에 있는 교회 앞에서 자라고 있어서 이렇게 이름을 붙였지요.

아르볼 델 툴레의 둘레를 줄자로 재면 36미터나 나와요. 얼마나 굵으냐면, 나무둥치를 스무 명의 성인이 모여 손을 잡고도 다 둘러쌀 수가 없어요. 만약 줄자로 울룩불룩하게 튀어나온 부분까지 모두 잰다면, 거의 50미터가 나올 거예요. 아르볼 툴레의 나이는 정확히 모르지만 약 1,500살 되었다고 해요. 하지만 앞으로 얼마나 더 살지도 확실히 알 수 없어요. 왜냐하면 최근에 나무 상태가 아주 좋지 않았거든요. 주위 환경의 변화, 무엇보다도 지하수의 기준 수위가 낮아지고 공기가 오염된 것이 큰 문제지요. 최근 몇 십 년 동안 이러한 문제로 다른 몬테주마낙우송들, 예를 들어 멕시코 수도에 자라고 있었던 유명한 엘 사르젠토나, 아르볼 델 라노체 트리스테 등이 죽어 버렸어요. 툴레의 나무를 보전하기 위해 마을을 가로지르는 길도 바꾸고, 나무에게 물을 주려고 우물도 팠지만, 이렇게 해서 충분할지는 알 수 없어요.

툴레의 나무는 아주 큰 나무가 아니에요. 키가 겨우 35미터 정도 밖에 되지 않으니까요. 캘리포니아에서 자라는 제너럴셔만은 나무둥치 굵기가 26미터에 높이는 83.8미터(그림 14를 보세요.)이에요. 그 덕분에 나무둥치 부피가 1,500제곱미터나 되어 세상에서 가장 부피 큰 나무랍니다. 만약 제너럴셔만을 잘라 실제 사람 크기의 나무 조각상을 만든다면 무려 만 개나 만들 수 있답니다. 그럼 여러분이 사는 동네 주민을 모델로 한 실제 크기의 조각상들을 문패 대신 집 앞에 놓을 수 있을 거예요. 아주 독창적인 장식품이 되겠지요. 하지만 아무도 그런 아이디어를 실행하지 않기를 바라야겠어요. 몬테주마낙우송은 이미 너무 많이 잘려 목재가 되어 버렸으니까요.

사르브-에 아바르커
지중해쿠프레수스
(정확한 나이는 알 수 없음, 이란)

트니리
버즘나무
(정확한 나이는 알 수 없음, 나고르노-카라바흐)

엘 그란 아부엘로
피츠로이아 쿠프레소이데스
(3,641살, 칠레)

강털소나무
(캘리포니아, 미국)

살아 있는 나무 중에서 가장 오래 산 최고령 나무는 몇 살일까요? 그건 나무 삶의 끝을 어떻게 보는지에 따라 달라집니다. 예를 들어 돌개바람이 나무둥치를 꺾어 나무를 쓰러뜨렸다고 해 봐요. 땅에는 뿌리가 남아 있습니다. 그 뿌리에서 곧 새로 싹이 돋아나 둥치와 가지를 이루었다고 합시다. 그럼 지금 새로 자라난 나무는 돌개바람에 부러지기 전과 같은 나무일까요? 만약 아니라고 대답한다면, 우리는 계속 같은 둥치를 가지고 있는 나무 나이만 세어야 할 것입니다. 그럼 가장 나이 많은 나무는 캘리포니아 화이트 마운틴에 있는 강털소나무들이 됩니다. 키가 겨우 십 미터밖에 되지 않지만, 2012년에 이 나무들 중 가장 나이가 많은 나무는 5,062살! 그러니까 기원전 3044년에 처음 싹을 틔운 것이에요. 이 나무 나이를 정확하게 가늠할 수 있던 것은, 계속 같은 둥치를 가지고 있기 때문입니다. 나이는 특수 제작된 드릴로 나무 일부를 채취하여 나이테(그림 17을 보세요.)를 세면 되어요. 이 나무가 어떻게 생겼고 어디 있는지는 비밀입니다. 호기심 많은 관광객으로부터 나무를 보호하기 위해서지요.

측백나무과의 피츠로이아 쿠프레소이데스와 몬테주마낙우송(그림 17을 보세요.) 역시 오래된 둥치를 자랑합니다. 그런데 오래된 나무들의 나이는 밝혀내기가 쉽지 않습니다. 예를 들어 그림에 나오는 올리브나무와 버즘나무는 둥치 가운데가 비어 있어 나이테를 셀 수가 없습니다. 어떤 이들은 이 나무들이 2천 살은 먹었다고 생각합니다. 사르브-에 아바르커는 나이를 4천 살까지 보기도 합니다. 그러나 확실한 증거는 없습니다.

만약 우리가 가장 오래된 나무를 찾을 때, 땅 위의 부분이 여러 번 죽고 다시 자라난 것까지 다 합치면 어떻게 될까요? 그렇다면 가장 나이 많은 나무는 스웨덴에서 자라는 독일가문비나무인 올드 티코입니다. 겨우 키가 4미터밖에 안 되는 볼품없는 올드 티코의 흙에서 9,550년이나 된 나무 조각이 발견되었고, 유전자 검사를 통해 그 나무 조각이 올드 티코의 옛날 몸의 일부라고 밝혀졌거든요. 그러나 이것도 미국 유타주의 북미사시나무 군락인 '판도'에 비하면 아무것도 아니에요. 군락은 같은 조건에서 떼를 지어 자라는 식물 집단을 말해요. 판도는 최소한 8만 년은 살았다고 여겨져요. 더구나 판도는 숲 전체인 동시에 한 나무이기도 해요. 한 개의 씨앗에서 싹이 터, 뿌리로부터 계속해서 줄기가 자라 나무가 된 것이거든요. 판도는 면적이 지금 43만 제곱미터에 이른답니다. 여의도 공원 면적의 두 배나 되는 크기랍니다.

나무는 살아 있는 동안 키만 크지 않아요. 나무둥치도 굵어져요. 해마다 나무둥치가 굵어지면서 나무 껍질 속으로 가는 테가 생겨요. 온대 기후에서 자라는 나무 대부분이 봄에는 목재 색깔이 연하고 여름에는 진해요. 그래서 이런 나무를 잘라 보면 연하고 진한 색깔들 사이에서 나이테를 찾아볼 수 있어요. 나이테 하나가 일 년이에요. 그러니 나무 나이를 알려면 나이테를 세어 보면 돼요.

어떤 나무들은 정말 오랫동안 살았어요. 몬테주마낙우송의 나무둥치는 지름이 몇 미터나 되는데 둥치에서 수천 개의 나이테를 볼 수 있지요. 몬테주마낙우송 중에서 가장 오래된 건, 캘리포니아 시에라네바다산맥에서 자란 나무로, 베어진 후에 'CBR 26'이라고 이름이 붙여졌어요. 1900년경에 베어졌는데, 당시 나무의 나이는 최소한 3,266살이었대요. 그러니까 청동기 시대에서 철기 시대로 넘어갈 때쯤에 싹이 틔어졌던 거예요. 이때쯤 서양에선 철을 이용해 도구를 만들어 썼고, 훗날 철은 캘리포니아 벌목꾼들의 도끼와 톱을 만드는 데 쓰였지요.

이 나무가 살아 있는 동안 아메리카에서는 올멕 문명, 아즈텍 문명, 마야 문명이 번성했다 쓰러졌고, 전 세계에서 제국들이 생겼다 사라졌어요. 가장 큰 종교들이 탄생하고, 아름다운 예술 작품들이 만들어지고, 수세기에 걸친 발견과 중요한 발명이 이어졌어요. 몬테주마낙우송 CBR 26은 콜럼버스의 원정도, 아메리카에 유럽인들이 정착하는 것도, 미국 탄생과 산업 발전도 모르는 채 편안히 자라고 있었어요. 그러다 19세기에서 20세기로 넘어가던 때에 자기보다 나이는 백 배 이상 어린 벌목꾼들에게 베어졌지요. 벌목꾼들이 CBR 26이 자라던 숲에서 8천 그루가 넘는 몬테주마낙우송을 베었지만, 험한 산에서 목재를 운반하는 것은 쉬운 일이 아니었어요. 그래서 벌목꾼들은 벤 나무의 1/5도 가져가지 못하고 나머지는 그냥 버려두었어요. 거대한 나무들 중 가장 키가 큰 나무는 벌목꾼 대장 이름을 따서 '불' 나무라고 이름을 붙이고 남겨 놓았어요. 이렇게 혼자 남아 있는 '불' 나무는 아직도 여행자들이 즐겨 찾는 구경거리랍니다.

다행히도 오늘날 몬테주마낙우송은 보호종이 되었어요. 그러니까 다시 몬테주마낙우송 숲이 자라나는 데는 몇 천 년 기다리기만 하면 되어요.

❶ 기원전 1370년경
몬테주마낙우송 CBR 26이 싹을 틔웠다.
(이 당시 가장 오래된 강털소나무는(그림 16을 보세요.)
이미 1680살이었다.)

❷ 기원전 1352년경
이집트의 파라오 투탕카멘이 죽었다.
(3,000년 후 그 무덤은 이집트에 대한
가장 귀중한 자료가 되었다.)

❻ 기원전 6세기 또는 5세기
석가모니가 태어났다.

❼ 기원전 327년
알렉산더 대왕이
세계의 반을 정복하고
인도에 다다랐다.

❽ 기원전 221년
진시황이 중국을 통일하고
황제가 되고 만리장성을
쌓았다.

❸ 570년
마호메트가 태어났다.

⓮ 1096년
첫 번째 십자군 원정이 시작됐다.

⓯ 1206년
칭기즈 칸이 아시아 정벌을 시작했다

⓴ 1506년
레오나르도 다빈치가
모나리자를 그렸다.

㉑ 1543년
코페르니쿠스가 지구가
태양을 돈다는 사실을
증명했다.

㉒ 1789년~1815년
프랑스 혁명과 나폴레옹 전쟁이 있었다.

그림 17

나이테로 보는 역사

③ 기원전 1100년경
페니키아인들이 유럽 알파벳
(그리스, 헤브루, 라틴, 룬 문자 등)의
기원이 될 문자를 처음 만들었다.

④ 기원전 776년
그리스에서 첫 올림픽이 열렸다.

⑤ 기원전 551년
공자가 태어났다.

⑫ 기원후 80년
로마에 콜로세움이
지어졌다.

⑨ 기원전 51년
클레오파트라 7세가 이집트 여왕이 됐다.

⑩ 기원전 44년
카이사르가 암살되다.

⑪ 기원전 8년에서 4년 사이
나사렛에서 예수가 태어났다.

기원전 1000   기원전 500   0   500   1000   1500   1900
①②③   ④⑤⑥⑦⑧⑨⑩⑪⑫   ⑬   ⑭⑮⑯⑰⑱⑲⑳㉑㉒㉓㉔

⑯ 1345년
파리 노트르담 대성당이 지어졌다.

⑰ 1429년
17살의 잔 다르크가 백 년 전쟁
동안 프랑스 군을 이끌었다.

⑲ 1492년
콜럼버스가
미국 대륙을 발견했다.

1455년
구텐베르크가 책을
처음으로 인쇄했다.

㉔ 1900년경
몬테주마낙우송 CBR26 베어졌다.

㉓ 1851년
미국의 '노예제폐지론자'인
소저너 트루스가 남녀평등에 대해 연설했다.

현대

벌목꾼의 기본 도구는 체인톱(3)이지만, 옛날에는 도끼만 가지고 모든 일을 해내야 했어요. 도끼는 시대와 장소에 따라 여러 모양이 있어요.(1, 2, 7, 8) 미국에서는 양날 도끼를 많이 써요. 날카로운 한쪽 날을 다치지 않게 하려고 덜 날카로운 쪽 날로 딱딱한 옹이를 베곤 했어요. 여러 모양의 톱(21, 23, 24)이 다양한 용도로 많이 쓰여요. 어떤 톱(19)은 사람 두 명이 있어야만 쓸 수 있어요.

벌목꾼이 어떤 도구로 나무를 자르던 간에 가장 신경 쓰는 것은 정한 방향으로 나무를 쓰러뜨리는 일이에요. 그러려면 먼저 둥치를 자르고, 자른 틈에 지렛대(29)를 집어넣거나 쐐기(6)를 집어넣어 망치(9, 10, 11, 31)로 두드려요. 넘어진 나무 둥치에서 톱과 손도끼, 아니면 큰 칼(4, 5, 26)로 가지를 잘라 내어요. 그러고 나서는 적당한 굵기로 토막 내요. 이때는 줄자(16)가 필요해요. 맨 마지막에는 이렇게 잘라 낸 토막의 지름을 윤척(측경 양각기로 통나무 지름을 재는 기구예요.)(30)으로 재어 목재의 양을 가늠해요. 숲으로부터 실어 나가도록 준비하는 거예요. 무거운 나무토막을 드는 건 아무리 힘 센 벌목꾼이라도 척추에 무리가 되는 일이어서 이때도 적당한 도구를 사용해요. 후커룬(20)과 갈고리장대(25)를 이용하면 쉽게 나무토막을 밀 수 있고, 갈고리(18, 22)와 니퍼(28, 32, 33)를 이용해 편안하게 옮길 수도 있어요. 인기가 아주 많은 니퍼(32)는 20세기 초에 노르웨이 사람인 넬 그라블 리가 열 두 살이란 어린 나이에 발명해 특허 신청을 낸 것이지요. 더 큰 나무둥치들은 쇠줄(27)에 감아 숲에서 끌어내어지는데, 옛날에는 말들이 주로 했지만 최근에는 트럭이나 트랙터가 말을 대신하고 있어요.

상식이 있는 벌목꾼이라면 언제나 보호 장갑(12)과 헬멧(13)을 착용하고 작업해야 합니다. 또한 특수한 누빔 패딩 바지(15)를 입는데, 직조 방식이 특이해서 혹시라도 톱이 천에 닿게 되었을 때 실이 톱에 걸려 살에 닿기 전에 얼른 톱을 멈추게 합니다. 장비의 완성은 체인 톱의 예비 연료(17)와 벌목꾼을 위한 연료 (14)지요. 먹을 것은 아주 많아야 합니다. 이 일에는 많은 에너지가 소모되거든요. 톱질과 도끼질로 벌목을 할 때, 벌목꾼들은 매일 9,000칼로리 정도를 소모하였습니다. 오늘날에는 줄어들어 6,000칼로리 정도라고 하지만, 그래도 벌목꾼의 소비 칼로리는 사무실에서 일하는 사람의 소비 칼로리의 세 배나 된답니다.

나무 는 돌이나 벽돌처럼 견고한 재료는 아니에요. 나무로 만든 건물들은 불이라도 나면 금방 타 버릴 수도 있고 썩어 버리거나 배고픈 벌레들의 먹이가 될 수도 있어요. 그래서 정말 잘 돌본 몇몇의 목조 건축물만 몇 세기 동안 살아남을 수 있어요.

세상에서 가장 오래된 나무로 된 건축물은 711년에 지어진 일본 이카루가라는 도시에 있는 고찰 호류지에 있어요. 백제 기술자들이 일본으로 건너가 세운 5층 높이의 탑이지요. 중국에는 산시성 우타이현에 1056년에 세워진 포광사가 있는데, 높이가 67미터나 되어, 20층 아파트보다도 높답니다.

노르웨이에 중세 때 세워진 목조 교회들도 이들과 나이 차이가 많이 나지 않습니다. 이 교회들은 특수 처리를 한 거대한 소나무 기둥 위에 세워졌습니다. 소나무를 베기 전에 가지부터 모두 자르고 어느 정도 그냥 둡니다. 상처를 입은 소나무는 자연스럽게 송진을 만들어 내거든요. 그래서 목재는 더 단단해지고 습기에 강해집니다. 오늘날까지 이런 교회가 스물여덟 채나 남아 있어요. 그 중 가장 큰 것은 헤달이라는 곳에 있는 목조 교회이고, 가장 그 형태가 잘 보존된 것은 1150년에 지어진 부르군 교회입니다. 옛 목수들의 기술 덕분에 지금까지 거의 변하지 않은 모습으로 전해집니다.

아름다운 목조 건축물로 유명한 정교회 건물들이 있어요. 가장 유명한 것으로는 러시아 오네가 호수 위에 있는 키지섬 정교회로 스물두 개나 되는 돔으로 장식되어 있어요. 카르파티 지방에 있는 열여섯 개의 목조 교회들도 그 가치를 인정받고 있는데, 반은 폴란드 영토에 있고, 여기 그림에 나온 드로호비치의 성 게오르그 교회는 우크라이나에 있어요.

인도네시아는 여러 문화가 혼합된 지역으로 건축에서도 그렇답니다. 수마트라섬 서쪽 지역에 사는 미낭카바우족은 뾰족뾰족한 아름다운 지붕을 가진 집을 지어요. 바투상카르 근처의 파가루융 궁전이 바로 그런 모습이랍니다. 통코난은 셀레베스섬의 토라자족들 중 부유한 가문에서 지었던 집이에요. 이 집은 우주를 세 개의 세상으로 구분하는 지역 민속 신앙을 따라 만들었어요. 위쪽 다락에는 조상을 기념하는 물건을 두고, 중간에 위치한 방에서는 사람들이 생활해요. 아래에는 동물들이 산답니다.

보르군 목조 교회
(노르웨이)

헤달 목조 교회
(노르웨이)

드로호비치의 정교회
(우크라이나)

호류지
(일본)

사람들은 나무처럼 한자리에 있지 못하고 언제나 먼 세상을 동경해 왔습니다. 자기 발로 직접 걸어가거나 말과 낙타와 같은 동물 힘을 빌리지 않고서는, 사람들을 다른 세상으로 데려간 건 나무로 만든 탈것들이었지요.

목재는 배를 만드는 데 최고의 재료였습니다. 성서에 나오는 노아의 방주(16)도 나무로 만들었어요. 그리스인들이 황금 양털을 찾기 위해 탔던 신화 속의 배 아르고(6)도 나무로 만들어졌고요. 그리스인들은 바다에서 사람 목소리로 말하는 신성한 참나무를 만나고, 그 나무로 뱃머리를 만들어요. 나무 둥치 가운데를 파내거나 불로 태워서 카누(10)를 만들 수도 있어요. 인디언들의 카누(11)는 나무로 된 뼈대에 자작나무 껍질 조각을 고정시켜 만들었어요. 대양을 누빈 것은 바이킹들의 긴 배(12)와 위대한 탐험가들의 멋진 돛단배들이었어요. 크리스토퍼 콜럼버스(13)와 바스코 다 가마, 페르디난드 마젤란 등이 탔지요. 나무로 만든 배를 타고 유럽인들은 미국 대륙과 인도에 가며 세계를 한 바퀴 도는 여행을 했어요. 그리고 눈 쌓인 북극 지방을 정복할 수 있었던 것은 나무로 만든 스키(7)와 썰매 덕분이었어요.

나무와 깊은 관련이 있었으면서도 긴 역사를 가진 것은 바퀴예요. 가장 오래된 바퀴(14)는 슬로베니아의 수도 류블랴나 근처의 늪에서 발굴되었는데, 5150년이나 된 것이에요. 바퀴를 발명한 덕분에 문명의 발달은 보다 빠르게 이루어졌어요. 손수레와 마차, 가마 말고도 정말 신기한 탈것들도 생겨났어요. 17세기에 발명된 바람을 이용해서 움직이는 돛을 단 마차(8)처럼. 신화에 나오는 트로이 목마(9) 역시 바퀴가 있었어요. 전설에 따르면 트로이를 점령한 그리스인들이 밤중에 이 말을 만들어 그 안에 숨어 있었다고 해요. 아침이 되자 이를 신기하게 여긴 트로이인들이 말을 성벽 안으로 끌고 들어갔지요. 결과는 말하지 않아도 알겠지요?

19세기 초에는 초기의 '자전차'(2, 15), 그러니까 지금 자전거의 증조 할머니쯤 되는 탈것이 만들어졌어요. 이런 비슷한 스케치는 사실 15세기와 16세기 중반에 레오나르도 다빈치의 작품집인 '코덱스 아틀란티쿠스'에서도 볼 수 있어요. 하지만 20세기에 원본의 보수를 맡았던 수도사 중 하나가 덧그린 건 아닌지 알 수는 없어요. 그러나 레오나르도 다빈치의 하늘을 나는 기계 디자인(4, 6)은 의심의 여지가 없어요. 다빈치는 천으로 만든 날개의 뼈대에 가벼우면서도 견고한 나무를 써야 한다고 생각했어요. 400년 후, 비행기(1)를 처음 만든 라이트 형제가 했듯이요.

인간의 역사에서 목재보다 더 요긴한 재료는 없었을 거예요. 나무는 어디서나 구하기 쉽고, 돌로 만든 원시적인 도구로 자르거나 조각내거나 껍질을 벗겨 낼 수 있었으니까요. 불행히도 선사 시대에 나무로 만든 물건들에 대해서는 잘 알 수가 없어요. 돌이나 뼈에 비해 나무는 오래 보존되지 못하기 때문에 아주 일부만이 우리 시대까지 전해 내려와요.

나무로 만든 가장 오래된 물건은 영국의 '클랙톤-온-씨'라는 마을에서 발견된 주목으로 된 창의 끝부분이에요. 40센티가 채 되지 않는 이 창은 40만 년 정도 된 것으로 추정되어요. 원시 인류가 사냥에 썼던 창이지요. 나무 창 전체가 발견된 곳은 독일의 쇠닝겐이라는 마을의 갈탄 광산이에요. 하이델베르크인이 만든 이 창은 30만 년 전에 제작된 것으로 추정되어요.

그러니까 나무로 만든 무기들은 꽤 일찍부터 등장했지만, 나무로 만든 예술 작품이 나타나기까지는 조금 더 기다려야만 했어요. 나무로 만든 가장 오래된 조각은 시기르의 우상인데, 러시아의 예카테린부르크 근처의 토탄 늪에서 발견되었어요. 11,000년 정도 된 것으로 추정되는 이 조각상은 돌로 만든 도구로 잎갈나무 통나무로 조각했어요. 높이가 5.3미터나 된답니다. 사람 형태의 머리를 판판한 사각형의 몸에 붙인 모습인데, 몸에는 알 수 없는 문양과 얼굴들이 새겨져 있어요.

금속으로 된 도구들이 발명된 후 조각의 기술은 엄청나게 발전하기 시작해서 이집트와 로마, 중국은 물론, 유럽의 조각의 대가들 이름을 다 대지 못할 지경이 되었어요. 그리고 나무 조각은 유명한 작가들만 했던 것이 아니에요. 나무는 이름 없는 민속 예술가들이 가장 좋아하는 재료이기도 했어요. 전 세계 여러 장소에서 쓰인 다채로운 나무 가면들도 이들이 만들었지요. 그 형태는 매우 다양하지만, 가면들은 거의 비슷한 역할을 해요. 자기의 진짜 얼굴을 가리고, 잠시 동안이라도 다른 사람이 되도록 하는 것이죠. 여러 의식에서 가면을 쓴 사람은 신의 역할을 하기도 하고, 영혼이 되기도 하고, 이야기 속의 주인공, 이미 세상을 뜬 조상들이나 동물이 될 수도 있었어요. 멋지게 조각이 된 가면들은 이렇게 연극과 제례, 부족의 역사 수업, 아니면 그냥 재미있는 놀이의 빠질 수 없는 도구가 되었어요.

그림 22

나무로 만든 악기들

나무는 악기를 만드는 데 최상의 재료입니다. 단단하고, 가볍고, 물이 흐르던 긴 관들로 이루어져 있으니까요. 이러한 성질 덕분에 나무는 아름답고도 명료한 소리를 냅니다. 그래서 옛날부터 나무로 간단한 민속 악기는 물론 장인들의 복잡한 악기들도 만들었어요.

두 조각의 나무를 맞부딪치기만 해도 악기가 되어요. 예를 들어 캐스터네츠(20)나, 중국 악기인 파이반(13)처럼요. 그러나 소리를 정말 크게 내기 위해서는 안이 빈 것, 그러니까 북 같은 것이 좋아요. 나무둥치 속을 파서 만든 아프리카의 에크웨(21)나 젬베(25, 26), 아니면 나무통을 붙여 만든 쿠바의 콩가(31) 같은 것들이요. 악기를 바닥에 부딪쳐서 소리를 낼 수도 있고, 막대기로 두드릴 수도 있어요. 폴란드 카슈비 지방의 '악마의 바이올린(5)'은 그렇게 연주한답니다. 거기에 비해 발라폰(19)은 봉으로 각자 다른 소리를 내는 나무 막대를 두드려서 멜로디를 만들어요.

다른 연주 방법은 현을 움직이는 것이에요. 현이 떨리며 그 진동이 나무로 된 통 안으로 전달되면, 사람들 귀에는 바이올린(4), 이란의 카만체(7), 페르시아의 류트라고 불리는 우두(8), 수단의 리라라고 불리는 키싸루(11)나 페르시아의 세타르(9)의 소리로 들리지요. 현악기는 아주 많고, 새로운 현악기들이 계속 만들어지고 있어요. 스프라우트(27)나 그릇 악기(29) 등은 생긴 지 얼마 안 된 발명품이고, 연주 방법은 금방 배울 수 있어요. 악기를 만드는 방법이 다양해지면서 악기 종류가 늘어났어요. 페달을 밟아 연주하는 하프(16)와 활로 만든 아프리카의 전통 하프(22, 24)를 비교해 보세요. 기타(6)도 혼자서 만들어 볼 수 있는 악기지만, 헐링 채로 만든 전자 기타(18)를 주문할 수도 있어요. 최고급 우쿨렐레는 하와이에서 자라는 '코아나무'로 만들지만, 돈을 아끼고 싶은 사람은 시가 케이스를 이용해서 저렴한 우쿨렐레(15)를 만들어 볼 수도 있어요. 아프리카의 칼림바(1, 2, 3)에는 병뚜껑 장식이 잘 어울리고요.

디제리두(17)는 호주 원주민의 악기로 전통적으로는 흰개미들이 속을 파먹은 나무둥치로 만들어요. 알프스 지역의 거대한 뿔피리(28)를 만들 때는 흰개미의 도움을 받을 순 없지요. 소리가 큰 수르마(12), 바순(14), 아르메니아의 두둑(10), 인디언의 피리(23), 모두 나무속을 직접 파야만 해요. 뉴질랜드에 사는 마오리족들은 울림널(30)이라는 줄이 달린 악기를 생각해 냈는데, 머리 위로 휘두르면 독창적인 윙윙 소리가 난답니다.

나무 위의 집

모든 아이들은 물론이고 어른 역시 나무 위에 지은 집에는 뭔가 특별한 것이 있다고 생각할 거예요. 하지만 나무 위에 지은 집에는 수도가 나오지도 않고, 상하수도 시설도 없고, 난방도 되지 않아요. 아마 그래서 우리 대부분이 땅에 지은 집에서 사는 것이겠지요. 그런데 나무 위에 집을 짓고 사는 소수의 사람들 중에는 파푸아 뉴기니의 코로와이 부족이 있어요. 이들은 기억할 수도 없는 먼 옛날부터 나무 위에 집(3, 8)을 짓고 살았어요. 땅에서 위로 몇 십 미터 떨어진 곳에서는 모기도, 뱀도, 퉁명스런 이웃의 위협도 없고 규칙적으로 찾아오는 정글의 홍수도 걱정 없으니까요.

다른 나무 위의 집들은, 보통은 재미로 잠시 머무는 곳이에요. 미주리주의 오래된 참나무 위에 지은 집(5)은 시대를 초월해서 모든 사람들이 좋아할 만한 집이죠. 하지만 가끔 건축가들은 상상력을 발휘해, 예를 들자면 나무 사이에 걸린 공 같은 집도 만들었어요. 캐나다의 호텔 프리 스피릿 스피어스(2)가 바로 그런 곳이랍니다. 스웨덴의 트리 호텔에서도 개성 넘치는 방들을 빌릴 수 있어요. 새 둥지 방(6)의 표면은 나뭇가지 뭉치를 연상시키지만 안에는 편안한 침구가 있고 전기가 들어오고, 와이파이가 되는 우아한 호텔 방이랍니다. 그 옆에는 공중에 걸려 있는 UFO(9)가, 세 명의 아이가 있는 한 가족을 납치하려고 기다리고 있군요. 영국의 시골 앰벌리를 방문하는 관광객들은 12세기에 지어진 성에서 잘 수 있어요. 하지만 차가운 성벽이 싫은 사람이라면 그곳에 앉은 나무 위의 집(7)에서 머물면 된답니다.

타카수기-안(4)은 아주 특이한 다실, 그러니까 차를 우리고 마시는 집이에요. 건축가 테루노부 후지모리가 설계한 이 집은 일본의 치노 지역에 있어요. 전통적인 다실과 다른 점은 단 하나, 근처의 숲에서 잘라온 두 개의 나무 둥치 위에 높이 세워져 있다는 것이에요. 일본 전통에 따라 후지모리는 이 집에 이름을 붙였어요. 타카수기-안은 '좀 너무 높은 집'이라는 뜻이에요.

'레드우즈 트리하우스' 혹은 옐로우 트리하우스(1)라고 불리는 나무 집은 뉴질랜드 웹사이트 브랜드인 옐로우 사이트를 홍보하려고 만들어졌어요. 나무 위에 레스토랑을 짓는데, 공사를 할 사람과 재료를 모두 옐로우 사이트를 통해서만 찾아내야 했어요. 이 과정은 온라인상에 생방송으로 중계되었어요. 집을 짓는 데는 66일이 걸렸고, 과제는 성공으로 끝났지만 식당은 오래 영업하지 못했어요. 지금은 행사를 위해 장소를 빌려주기만 하고 있답니다.

그림 24

분재

분재

분재는 작은 화분에 화초나 나무를 기르는 거예요. 크게 자랄 수 있는 식물들을 가지를 치고 가꿔서 작게 기르는 건데, 일본이 분재를 잘하기로 유명해요. 하지만 처음으로 분재를 길러서 멋진 풍광을 만들어 냈던 사람들은 중국인이었어요. 중국의 분재가 근처 나라에 소개가 되었고, 일본인들이 전 세계에 유행 시킨 것이지요.

분재를 할 때는 천천히 자라는 나무 중에서 잎이 작거나 바늘잎을 가진 나무를 골라요. 그러고는 크기가 적당한 화분에 나무를 심고 식물이 자라는 속도를 늦추고, 기르는 사람이 원하는 모양으로 자라도록 해요. 너무 빨리 자라는 가지와 뿌리는 자르고, 나머지 부분은 철사로 묶어 원하는 방향으로 나무가 휘어 자라게 만들어요. 필요하지 않은 나뭇잎이나 가지는 떼어 버리거나, 반대로 가지가 없는 곳에 새로운 가지를 접붙이기도 해요. 소나무에서 껍질을 벗겨 버릴 때도 있어요. 그러면 껍질을 벗긴 부분이 죽어, 아주 오래된 나무처럼 보이거든요. 분재는 나무를 크고 왕성하게 기르는 것이 목적이 아니라, 진짜 나무와 가장 비슷한 작은 나무를 키우는 것이 목적이에요.

전통 분재에서는 양식에 맞게 기르는 것이 아주 중요해요. 초칸 양식은 나무가 똑바로 곧게(12, 13) 자라야 해요. 모요기는 좀 더 분방한 모양으로 식물이 약간 휘어질 수도 있어요. 하지만 원칙적으로는 수직 형태(3, 6, 7)를 유지하고 있어야 해요. 샤칸 양식은 나무가 한쪽으로 급하게 기울어진(2) 모양이에요. 그러나 금방이라도 넘어갈 것처럼 보이면 안 되기 때문에, 나무를 지탱하는 뿌리 모양이 보이도록 신경을 써야 하지요. 폭포 모양(켄가이)의 분재, 반 폭포(반-켄가이) 모양의 분재는 폭포처럼 아래로 떨어지는 형태예요. 반 폭포 모양의 분재(11)는 가지가 화분 밑바닥보다는 더 내려와서는 안 되지만, 폭포 모양(켄가이)의 분재(4)는 폭포처럼 아래로 자라나기 때문에, 특별한 받침대가 필요해요.

분재의 명인들은 커다란 바람에 시달린 나무(5) 같은, 자연에서 볼 수 있는 나무를 모방하기도 해요. 꽃(6)을 피우거나 열매(9)를 맺게 하거나 일부러 뿌리를 드러내어(1, 9) 장식 효과를 주기도 해요. 이렇게 조그마한 무화과나무(14) 역시 가지와 뿌리를 늘어뜨리고 있어요.(그림 4를 보세요.) 요즘 신상품은 자석으로 만든 화분인데 덕분에 나무들이 공중에 떠 있을 수도 있답니다.(8,10)

자연 상태의 나무들은 여러 가지 모양을 취하고, 그 모양에는 모두 이유가 있답니다. 빽빽한 숲에서는 나무들이 햇빛을 뺏기지 않으려고 최대한 높이 자라려고 애써요. 둥치는 반듯하게, 위로 좁아지며 자라고, 나뭇잎은 햇빛을 많이 받을 수 있도록 땅에서 멀리 떨어진 위쪽에 수북하게 돋아나요. 나무 아래쪽, 그러니까 위쪽 나뭇잎 그늘 아래 있는 가지들은 금세 말라서 떨어져 버려요. 그래서 숲길에 밟으면 바스락거리는 나뭇가지들이 쌓이는 거예요. 다른 나무들 없이 홀로 자라는 나무는 나뭇가지가 위로 높이 자랄 필요가 없어요. 대신 나뭇가지를 넓게 펼쳐서 햇빛을 가장 넓은 면적으로 받으려고 애써요. 만약 나무가 아프리카 초원에서 자란다면, 자연적으로 일어나는 화재나 배고픈 초식 동물들의 위협을 받을 거예요. 그래서 이 지역에서 자라는 아까시나무는 우산처럼 생겼어요. 가지와 잎은 불에도, 얼룩말 혀에도 닿지 못할 만큼 땅으로부터 몇 미터 떨어진 곳에서 나기 시작해요. 물론 기린에게는 당해 낼 수 없기는 하지만요.

사람들은 신기한 형태를 가진 나무들을 아주 좋아해요. 그래서 다른 나라에서 자라는 멋진 나무를 수입하거나 원하는 모양의 나무들을 접붙여 재배하기도 해요. 우리나라 어느 가로수에서든 쉽게 만나는 포플러는 원래는 이탈리아 파드강 주변에서만 자라다 지금은 전 세계에서 재배하고 있답니다. 축축 늘어진 가지를 가진 나무는 자연 상태에서는 매우 보기 드문 나무예요. 폴란드 공원과 정원에서 흔히 볼 수 있는 버드나무들은 그런 성질을 가진 비슷한 종을 접붙여서 만든 나무랍니다.

하지만 인위적인 재배와 접붙이기만으로는 동그란 구나 나사 모양, 또는 거대한 토끼 모양 등 원하는 모양의 나무를 모두 만들 수 없어요. 만약 구체적인 모양의 나무를 원한다면 전지가위를 잡으세요. 맨 위쪽에서 자라는 싹을 잘라 버리면, 나무가 더 이상 위로 뻗을 수 없지요. 가지를 위로 뻗지 못하는 식물은 양 옆의 가지를 더 많이 뻗어 내어 빽빽하게 만드는 것으로 보상을 해요. 이런 방법으로 만든 것이 산울타리예요. 서어나무나 주목처럼 원래 높이 자라는 나무들로 만드는 것이에요. 솜씨 좋은 정원사들은 나무와 덤불을 잘라 신기한 모양을 만들기도 하고 환상적인 미로를 꾸미기도 해요. 나무와 덤불 미로로 가장 큰 것은 중국 닝보에 있어요. 축구장 다섯 개 정도의 넓이인 이 미로의 길을 모두 합치면 그 길이가 8킬로미터나 된대요.

그림 25

예술이 된 가지치기

다윈의 진화 나무

나무만큼 사람과 완전히 다른 생물은 없을 거예요. 그러나 알고 보면 나무와 사람은 친척 관계랍니다. 왜냐하면 지구상에 있는 모든 살아 있는 생물들은 단 하나의 고대 생명체에서 유래했으니까요.

그리스 시대 철학자들은, 이 세상에 특정한 종이 단계적으로 하나씩 나타난다고 생각했어요. 그러나 그 사실을 설명해 낸 것은 19세기 영국의 과학자 찰스 다윈이었어요. 간단히 말하자면 우리가 살고 있는 환경은 계속해서 변화하고 그러한 환경에서 살아남는 생명이 변화에 적응하는 생명체라는 것이에요. 생명체는 계속해서 새로운 성질을 만들어 내고 이를 자손에게 물려주면서 새로운 종을 만든다는 것이지요. 이것이 바로 진화예요.

다윈은 새로운 종의 탄생을 나무가 커 가는 것에 비유했어요. 모든 생명의 조상은 하나의 씨앗이고 그 씨앗에서 한 세대를 이루는 싹이 나와요. 이 싹이 옆으로 갈라지는 것은 비슷한 두 개의 종으로 갈라지는 것을 뜻해요. 무리 안에서 또 다시 새로 가지가 나오고, 그 가지들이 수천만 년이 지나며 진화 나무의 나뭇가지를 이루는 것이에요. 한 가지에서는 모든 박테리아가, 다른 한 가지에서는 식물이, 다른 한 가지에서는 버섯들이 생겨나는 것이지요.

진화 나무를 간단히 보기 위해 오른쪽 그림에서는 동물 가지만 나타냈어요. 동물들의 공통 조상은 해면동물과 하오오티아 같은 자포동물의 중간쯤 되지 않을까 짐작하고 있어요. 가지가 갈라지는 건 어떤 동물 무리가 두 개의 새로운 무리가 된다는 것을 뜻해요. 예를 들어, 왼쪽 위를 보면 풍뎅이와 나비가 있어요. 풍뎅이와 나비는 게와 같은 갑각류에서 갈라져 나왔어요. 또한 이 나무를 보면 현생 인류가 네안데르탈인에서도, 고릴라에서도 나온 것이 아님을 알 수 있어요. 둘 다 우리의 사촌은 되겠지만 이미 멸종한 우리 공통 조상은 갈라진 가지 어디쯤에 위치하고 있을 거예요.

다윈의 나무에서 초록색 잎이 달린 가지는 아직도 살아 있는 종을 뜻하고, 이미 말라서 이파리가 없는 가지는 멸종된 동물을 뜻해요. 삼엽충은 이미 수천만 년 전에 멸종되었지만, '주머니늑대'라고 불리는 태즈메니아호랑이는 멸종된 지 얼마 되지 않았어요. 다윈의 나뭇가지는 그러나 아직은 초록색이에요. 지구상의 생명체들이 여러 변화 속에서 적응하며 생존해 왔음을 알 수 있지요.

그림 26

계보학

이란 사람들 사이의 친척 관계를 조사하는 학문이에요. 다른 말로 하면, 누가 누구의 남편이었고, 할머니였고, 삼촌이었고, 형수였는지 알려 주는 학문이지요. 보통 가족과 가까운 친척들은 잘 알고 있지만 2세대 혹은 3세대 전까지는 이름이나 이야기로만 알고 있는 경우가 많아요. 150년 전에 살았던 현조부의 여동생에 대해 알아내려면 상당히 어려울 거예요. 이때 도움이 되는 것은 옛 기록들이에요. 혼인 증명서나 거주지 증명서 등에서 누가 어디에 살았는지 알 수 있어요. 서양에선 교회에서 기록한 세례와 장례 일지를 통해 알 수 있지요.

이러한 정보를 바탕으로 한 가족의 가계도를 그릴 수 있어요. 여기 그림에 그린 것은 폴란드 어느 가족의 8대에 걸친 가계도예요. 나무 처음에는 얀 잘레프스키와 그의 아내인 코스 집안에서 온 마리아 잘레프스카가 있어요. 중심이 되는 둥치에서 뻗어 나간 여섯 개의 가지는 이들의 여섯 명의 아이들을 가리켜요. 얀과 마리아의 네 명의 아이들은 결혼을 했기 때문에 그 옆에는 배우자의 얼굴이 그려져 있어요. 만약 어떤 부부가 자식이 있으면, 가지는 더 뻗어 나가며 다음 세대를 나타내요. 이런 종류의 가계도는 옛날에는 귀족 가문을 위해서 만들었어요. 대부분 가족의 성과 문장을 이어받는 남자만 표시했지요. 여자들은 가계도에 표시하지 않았어요.

나무 모양의 가계도는 가끔 예술 작품에서도 나타나요. 중세 시대에 나온 '이새의 나무'가 그러하지요. 예수의 혈통을 보여 주는 작품이에요. 둥치 아래에는 성경에 나오는 이새가 그려져 있어요. 왜냐하면 구약에 이새 가문에서 메시아가 나온다고 예언했기 때문이에요. 나뭇가지에는 이새의 다른 자손들 얼굴이 그려져 있어요. 다비드왕, 솔로몬왕, 목수 요셉, 그리고 예수까지요.

중국인들은 몇 세기 전부터 2500년 전에 살았던 위대한 사상가인 공자의 후손들을 기록해 왔어요. 맨 마지막으로 기록을 한 것은 2009년인데 이미 공자의 가계도부는 분량이 80권에 이르고 200만 명의 이름이 적혀 있었대요.

가계도는 의학에서도 쓰여요. 이때 나무둥치는 환자가 되고, 가지에는 환자의 형제자매와 부모, 조부모를 놓아요. 그러고는 어떤 특별한 질병을 누가 앓았는지 표시해요. 이렇게 하면 환자가 유전병을 앓을 확률을 알 수 있거나, 유전적으로 물려받을 수 있는 질환, 예를 들어 심장병이나 암, 그리고 일부 정신 질환의 가능성도 알 수 있어요.

그림 28

종교에서의 나무

성서에 따르면 인간 역사는 에덴 동산에 있는 나무들 사이에서 시작되었어요. 아담과 이브는 나무 그늘을 거닐며 나뭇가지에서 열매를 따 먹으며 살았어요. 신은 아담과 이브에게 선과 악을 구별할 수 있게 해 주는 선악과만은 먹지 말아야 한다고 했어요. 그러나 이브는 교활한 뱀의 꼬임에 빠지고, 아담은 이브의 설득에 넘어가, 둘은 선악과를 먹었어요. 그러자 아담과 이브는 선악을 이해하게 되며 발가벗었다는 걸 부끄러워했어요. 아담과 이브는 얼른 무화과나무잎으로 몸을 가렸어요. 이러한 이야기로 에덴동산에 무화과나무가 자라고 있었다는 것을 알 수 있어요. 성서에는 선과 악을 구별할 수 있는 과일이 어떤 나무 열매인지 쓰여 있지 않아요. 어쩌다 보니 그 나무가 사과나무로 많이 알려졌지만요.

모르몬교의 선지자인 레히가 환상 속에서 본 나무 열매는 아담과 이브의 선악과와는 전혀 달랐어요. 레히가 본 나무 열매는 신의 사랑을 상징했지요. 그 열매를 먹으면 기쁨을 느꼈지요. 신의 말씀을 따르는 자만이 짙은 안개 속에서 길을 잃지 않고 그 나무에 다다를 수 있다고 해요. 이슬람교의 정전인 코란에는 지옥에 떨어진 사람은 무조건 '자쿰나무' 열매를 먹어야 한다고 해요. '자쿰나무' 열매를 먹으면 그 즙이 배 속에서 뜨겁게 끓어오른다고 해요.

세상 한가운데 서 있는 거대한 나무의 상징은 많은 종교에서 찾아볼 수 있어요. 시베리아 소수 민족들의 신화 속 나무는 하늘을 받치고 있어요. 마치 이 지역 소수 민족들이 사는 천막 중앙을 받치고 선 나무 기둥처럼요. 이것과 신기할 정도로 비슷한 이야기가 지구 반대편의 남미 인디언 사이에 전해 내려와요. 마야인들이 남긴 부족 중에는 여덟 개의 가지가 하늘에 닿아 있는 나무가 있는데, 지하 세계 물속에 열두 개의 뿌리를 내리고 있어요.

그러나 나무가 천국으로부터 지옥까지 닿는다는 얘기는 다음 이야기에 비하면 아무것도 아니에요. 이그드라실은 스칸디나비아 신화에 나오는 거대한 나무인데 아홉 개의 세상을 하나로 엮고 있어요. 그중에는 사람들의 세상인 미드그라드, 신들의 세상인 아스그라드 등이 있고 이들 세상은 무지개 다리로 연결되어 있대요. 이그드라실의 꼭대기에는 독수리가 앉아 있는데, 뿌리는 용이 갉아먹고 있어요. 독수리와 용 사이에는 계속해서 다람쥐가 왔다 갔다 하고 있는데, 이들에게 서로 험담을 전해서 둘이 계속해서 서로를 싫어하도록 조종한다고 해요.

성스러운

나무는 몇 천 년 전부터 여러 종교에서 찾아볼 수 있었어요. 최초의 피라미드와 대성당, 모스크를 짓기 한참 전부터 사람들은 성스러운 나무 아래에서 신과 조상의 영혼, 자연의 힘을 경배했어요.

인도의 대표적인 종교, 힌두교와 불교에서 인도보리수는 성스러운 나무예요. 인도보리수의 라틴어 학명은 피쿠스 릴리지오사로 '종교적인 무화과나무'라는 뜻이지요. 석가모니는 인도보리수 밑에서 진리를 깨치기 전 49일 동안 명상을 했대요. 그림처럼요. 이 사건이 2,500년 전에 불교를 만들었지요.

2세기가 지난 후에 아소카 황제는 이 나무 근처에 절을 지었는데(나중에 완전히 다시 지어지긴 했지만), 그 절은 지금까지도 순례의 장소가 되고 있어요. 절 아래에는 인도보리수의 후예인 보리수들이 자라고 있어요. 아소카 황제는 이 성스러운 나무의 종자를 스리랑카로 보냈는데, 기원전 288년에 아누라다푸라라는 곳에 뿌리를 내렸어요. 지금 이 나무는 심은 연도가 확실한 나무 중에서 가장 나이가 많고 신성하게 여겨져요.

유럽에서는 그리스도교 이전 신앙에서 나무와 숲이 중요한 역할을 했어요. 그러다 보니 그리스도교 선교사들은 이 '이교도의' 나무들을 잘라 버리라고 명령하고 그 자리에 교회를 세웠어요. 보니파스 성인은 독일 지역 사람들이 숭배하던 참나무인 도나르를 베어 버렸고 보이치에흐 성인은 프로이센 사람들이 살던 땅에서 신의 이름으로 벌목을 진행했지요.

그러나 서로 다른 종교를 믿는 사람들이 성스러운 나무를 평화롭게 공유하는 일도 있긴 했어요. 영국 글래스톤베리 근처에는 모노기나 산사나무의 신기한 변종이 자라고 있어요. 신기하게도 일 년에 두 번 꽃을 피우지요. 봄과 크리스마스 즈음이에요. 전설에 따르면 글래스톤베리의 첫 번째 산사나무는 아리마테아의 요셉 성인이 영국에 도착한 후, 지팡이에서 꽃이 돋아났다고 해요. 이러한 유래와 성탄절 즈음에 꽃이 핀다는 사실로 그리스도교인들은 산사나무, 특히 세인트 존 교회 근처에서 자라는 산사나무들을 중요히 여겨 왔어요. 최근에는 영국에서 새로 나타난 종교에서 경배하는 대상이 되었어요. 뭐, 역사는 돌고 돌고, 나무들은 인간의 역사를 지켜볼 수 있을 만큼 오래 사니까요.

성스러운 나무

그림 30

모험가의 숲

숲은 사람들에게 비밀스러운 장소로 여겨졌고 사람들의 상상력을 자극했어요. 경작지가 끝나고 건물도 세워지지 않은 곳에는 인간이 어찌할 수 없는 미지의 왕국, 숲이 있었지요. 세계 여러 전설에는 말하는 동물들, 유니콘, 엘프, 트롤, 드라이어드, 도깨비와 귀신들이 나와요. 컴컴한 참나무 숲, 야생의 정글, 침엽수림인 타이가를 지나는 용감한 여행자 앞에는 각종 위험이 도사리고 있어요. 여행자가 용기와 기지를 내보이고 여러 유혹에 넘어가지 않는다면, 숨겨진 보물을 찾거나 마법의 도구들을 발견하거나 인생을 바꿀 사랑을 만날 수도 있어요.

숲을 방문하는 사람이라면 무엇보다 숲에 살고 있는 주민들을 존중하고 숲의 규칙을 지켜야만 해요. 우리는 그림 형제 동화를 읽고 숲속에서 과자로 만든 집을 발견하면, 절대로 마음대로 먹어서는 안 된다는 걸 알고 있어요. 그렇지 않으면 헨젤과 그레텔이 겨우 피했던 것처럼, 과자로 만든 집에서 사는 마녀에게 잡아먹힐 수도 있으니까요. 아마존 정글에서는 아무 데나 오줌을 눠서는 큰일 날 거예요. 어떤 나무 아래서 오줌을 누면 무서운 저주에 걸릴 수도 있어요. 그 나무에게 제때에 용서를 빌지 않으면, 배가 갑자기 부풀어 올라 터져 버릴 수도 있대요. 또한 이유 없이 동물을 죽이거나 식물을 해치는 사람에게도 무서운 벌이 기다리고 있어요. 왜냐하면 거의 대부분의 문화권에서 숲을 지키는 비밀스러운 정령을 믿고 있으니까요. 브라질에서는 '쿠루피라'라고 불리는 머리가 빨갛고 발이 뒤로 돌아가 있는 숲의 정령이 있어요. 발이 뒤로 돌아가서 쿠루피라는 발자국으로 추적할 수가 없어요. 슬라브족의 숲은 보로비, 또는 레쉬라고 불리는 정령이 지켜요. 레쉬의 힘은 나무에서 나오기 때문에, 숲이 오래되고 클수록, 이 정령은 더 크고 더 힘이 세다고 해요. 그럼 레쉬의 힘은 요즘에 들어서는 상당히 상태가 안 좋아졌겠네요.

숲은 또한 사람들의 손이 닿지 않는다는 점에서 도둑이 숨기 좋은 장소이기도 했어요. 보통 도둑은 알리바바와 40인의 도적처럼 욕심 많고 잔인한 경우가 많았지만, 가끔은 로빈 후드와 명랑한 일행들처럼 부자에게서만 물건을 훔치고, 훔친 물건을 가난한 사람들에게 나누어 주고, 가난한 사람들을 지켜 주는 도둑들도 있어요. 이들은 왕의 말은 절대 듣지 않았지만, 자신들이 살던 집, 셔우드 숲의 규칙은 잘 지켰어요. 로빈 후드의 전설 중에는 로빈을 지켜 주었던 수호신 중에 뿔이 난 비밀스러운 숲의 정령이 있었다는 이야기도 있답니다.

나무

나무에 대한 믿을 수 없는 놀라운 이야기들이 많이 있어요. 하지만 사람들은 나무를 환상적인 이야기의 주인공으로 해서 이야기를 많이 지어냈어요. 민담과 전설, 동화에 나오는 나무들은 생각하기도 하고, 말하기도 하고, 걸어 다니기까지 해요.

고대 그리스에서는 도도나의 속삭이는 참나무가 유명했어요. 도도나의 참나무 근처 신전에 사는 여 제사장들은 나뭇잎이 스치는 소리에서 제우스 신의 목소리를 들을 수 있었대요. 그래서 순례객들의 질문에 답하곤 했어요. 인도의 어떤 나무는 낮에는 남자 목소리로 말하고, 밤에는 여자 목소리로 말하곤 했대요. 알렉산더 대왕 역시 이 나무의 조언을 들었다고 해요.

전혀 진지하지 않은 나무도 있어요. 일본 전설에 따르면 중국에는 '인면수'라는 나무가 있는데, 나뭇가지마다 사람의 얼굴과 똑같은 꽃이 가득 피어 있대요. 말은 전혀 하지 않고 계속 웃고만 있는데, 너무 심하게 웃으면 사람 얼굴 모양의 꽃이 가지에서 뚝 떨어진다고 해요. 이와 달리 무서운 나무 이야기도 있어요. 사람을 죽이는 일본의 나무 정령들 이야기예요. 어느 나무 아래에서 사람들이 죽고 죽이는 전투를 벌이면 그 나무는 '주보코'라는 나무 정령이 되어요. 죽은 사람의 피가 흙에 스며들어 나무뿌리까지 다 다르면, 피 맛을 본 나무는 더 이상 물을 마시고 싶어 하지 않지요. 나무는 흡혈 나무가 되어 조심성 없는 여행자들을 잡아 피를 마신다고 해요.

마다가스카르의 식인 나무 이야기 역시 무섭기 짝이 없어요. 이 이야기를 처음 기록한 사람은 1874년 에드먼드 스펜서인데, 독일의 여행자 카를 리헤라는 사람에게 들었다고 했어요. 리헤는 음코도족 사람들이 무서운 나무에 여인을 제물로 바치는 것을 보았는데, 무서운 나무가 불쌍한 여인을 나뭇가지로 엮은 후 잡아먹었다는 거예요. 이 선정적인 이야기는 각종 신문에 실렸는데, 긴 세월이 지난 후에야 식인 나무는 물론 음코도족도, 카를 리헤도 모두 에드먼드 스펜서가 지어낸 것이라는 것이 밝혀졌어요.

사람의 피를 마신다는 무서운 나무도 있으니, 영국 작가 J.R.R.톨킨이 쓴 소설 《반지의 제왕》에 나오는 나무의 정령 엔트는 그래도 덜 무서워요. 이 오래된 정령은, 사람과 나무가 반쯤 섞인 모습으로 판고른 숲에 살고 있어요. 엔트는 사람들이나 드워프, 오크들의 일에 간섭하지 않아요. 그러나 만약 누군가가 나무를 해친다면, 엔트는 무섭게 화를 낸답니다.

나무의 정령들

그림 31

자연의 힘

몇 천 년 전, 유럽 지역 대부분에는 숲이 빽빽하게 있었어요. 만약 사람들의 활동이 없었더라면, 아직도 빽빽한 숲은 그대로 있었을 거예요. 선조들은 농사를 지을 땅을 얻으려고 숲을 없애고 나무를 베어 냈어요. 오늘날 나무들은 사람들이 허락한 장소에서만 자라요. 만약 우리가 이런 제한을 두지 않는다면, 나무들은 옛날의 자기 땅으로 돌아올 거예요.

인간이 이 지구에 나타나기도 한참 전부터 나무는 다른 식물들과의 경쟁을 이겨 냈어요. 그리고 지구에서 가장 좋은 자리를 차지했지요. 나머지 생물들은 나뭇가지 안에 들어가 살거나, 숲이 자라기에는 너무 춥거나 너무 건조한 장소에 만족하고 살 수밖에 없었어요. 나무는 사람들이 경작하는 감자도, 밀도, 잔디도, 심지어 시멘트와 아스팔트에도 지지 않고 견뎌 낼 수 있어요. 사람들이 들판에 제초제를 마구 뿌리고, 나무들을 초원에서 자라지 못하게 하고, 보도블록 사이에서 돋아난 작은 나무들을 마구 뽑아 버려도 말이에요.

만약 나무에게 아무 데서나 자랄 수 있는 자유를 다시 준다면 어떻게 될까요? 어떻게 될지는 캄보디아의 따 프롬 신전을 보면 알 수 있어요. 이 신전은 크메르 제국의 전성기인 1186년에 세워졌어요. 이들의 수도 앙코르는 당시 전 세계에서 가장 큰 도시였어요. 역사 학자들은 앙코르의 면적이 1,000제곱킬로미터는 되었을 거라고 추정하는데, 그 크기는 현재 서울의 1.5배나 되는 크기랍니다. 15세기에 제국은 멸망했고, 많은 아름다운 성전들은 그대로 버려지게 되었어요. 나무들은 자기들의 원래 땅으로 천천히 돌아오기 시작했지요. 20세기 말이 되어 손상된 유적들을 돌보기 시작했을 때, 이미 신전의 돌로 만든 벽은 정글의 일부가 되어 있었어요. 많은 신전들은 다시 지어지고, 옛날의 모습을 찾았어요. 그러나 따 프롬 신전의 폐허를 감싼 몇 백 년 된 나무의 뿌리는 너무나 아름다워서, 그냥 남겨두기로 했어요.

오늘날 아름다운 따 프롬 신전을 보러 전 세계에서 관광객들이 오고 있어요. 많은 사람들은 신전의 역사보다는, 이곳에서 영화 〈툼 레이더〉를 찍었다는 사실을 더 흥미로워 하지요. 그러나 결국에는 따 프롬 신전 위에 만들어진 정글을 보며 자연의 힘에 모두가 놀랄 수 밖에 없어요. 천 년 후에 뉴욕이나 파리, 베이징 같은 대도시도 그렇게 되지 않을 거라고, 누가 알겠어요?

그림 32

원시림

그림 33

많은 사람들이 숲이 베어졌던 자리에 새로운 나무를 심으면 원래 숲과 같을 거라고 생각해요. 그런 생각 때문에 현재 전 세계에 원시림은 정말 드물게 남아 있어요. 원시림은 사람의 손이 가지 않은 자연 그대로의 숲이에요. 오늘날 지구에는 원시림 대신 사람이 인위적으로 가꾼 숲이 많이 만들어졌어요. 숲처럼 생기긴 했지만, 사실은 들판인 곳들 말이에요. 그곳에서는 마치 곡식을 얻기 위해 쌀을 키우는 것처럼 목재를 위해 소나무를 키워요.

원시림은 나이가 각기 다른 나무들로 이루어져 있어요. 동물들이 아주 살기 좋은 조건이지요. 동물들은 빽빽이 자란 어린 나무들 사이에 숨고, 오래된 굵은 뿌리 사이에 구멍을 파고, 넓게 펼쳐진 가지 사이 한참 전에 쓰러진 나무둥치 속에 만든 구멍에 둥지를 만들어요.

인간이 만든 숲은, 줄을 맞추어 심어 놓은 거의 비슷한 나이대의 나무들뿐이에요. 가끔은 이렇게 심은 나무들이 거의 같은 종에 속하기도 하는데, 그렇게 되면 숲에는 제한된 조건을 만족하는 소수의 식물과 동물만이 살게 될 거예요. 나무 구멍도 거의 없어서 새들에게는 둥지 상자를 만들어 줘야 하지요. 죽어서 썩고 있는 나무둥치도 없을 테니까요. 자연 상태의 숲에서 이런 나무둥치는 곤충과 버섯 같은 많은 생명체들의 삶의 터전인데 말이에요.

원시림은 자기 자신을 스스로 돌볼 수 있어요. 오래된 나무들은 쓰러지고, 그 자리에는 새로운 나무들이 자라나요. 식물을 먹어 치우는 동물들, 그리고 맹수들의 수는 언제나 균형이 유지되어요. 경작된 숲은 사람이 돌봐야만 해요. 대량으로 심은 어린 나무들 위에는 플라스틱으로 만든 보호막을 씌워요. 그렇지 않다면 식물을 먹어 치우는 동물들이 맛있는 어린 싹들이 가득한 잔칫상 같은 숲에 와서 모두 삼켜 버릴 테니까요. 한 종류의 나무만 자라는 인공 숲은 또한 병충해의 피해를 받기가 쉬워요. 소나무 재선충이라고 해마다 수십만 그루의 소나무를 죽이는 해충이 있어요. 사람들은 소나무를 살리려고 화학 약품을 쓰는데, 이런 약품들은 숲에 사는 이로운 곤충들 역시 죽이지요.

이제 여러분이 진짜 자연의 숲을 보려면 멀리 자연 보호 구역까지 가야만 하는 날이 되었답니다.

인간은 살면서 세 가지 일을 해야 한다는 옛말이 있어요. 세 가지 일은 자식을 낳고, 집을 짓고, 나무를 심는 거예요. 이를 통해 사람들은 오랫동안 지속되는 무언가를 남기고 싶어 하는 걸 알 수 있어요. 부모가 죽은 후에도 자식을 통해 유전자와 성씨, 부모의 가치관이 세대를 거쳐 남겠지요. 튼튼히 지은 집 역시 불이 나거나 일부러 부수지 않는 한, 사람보다 오래 있을 수 있고, 좋은 환경에서 자라는 건강한 나무는 몇 백 년은 거뜬히 살아갈 거예요.

위의 옛말은 어쩌면 세대를 건너 갚아야 할 빚을 이야기하는 것일 수도 있어요. 아이였던 한 사람이, 부모가 되어 자기 부모에게 받은 사랑과 보살핌을 전해 주는 것이지요. 누군가 지금 살고 있는 집이나 학교를 세워 주었듯이 후대를 위해 우리는 집과 건물을 짓는 것이고요. 그리고 자연 없이는 살 수 없는 인간에게 어쩌면 상징적으로라도 단 한 그루의 나무를 심는 일이 자연의 은혜에 보답하는 길이 아닐까요?

미국의 작가이자 시인, 환경 운동가인 웬델 베리는 자기 책에 이렇게 썼어요. 이 땅은 부모님에게 물려받은 것이 아니라, 자식들에게 빌린 것이라고요. 웬델 베리의 글은 금방 유명해졌지만, 사람들은 이 이야기의 중요성을 더 높이려고 오래된 속담이나 인디언 경구라고 하며 인용해요. 유래와 상관없이 웬델 베리 글은 계속해서 널리 퍼져야 할 말이지요. 몇 세기 동안 사람들은 후대에게 어떤 세상을 남기고 갈지에 대해 아무런 생각이 없었어요. 인간의 도끼는 거대한 숲을 베어 버리고, 인간의 총은 수많은 동물 종을 멸종시켰고, 인간들의 도시는 물과 공기를 더럽혔어요. 그런 점에서 우리는 자연을 이용하려고만 하는 다른 생명체들과 다를 바가 없어요. 오히려 인간은 기술이 발달한 덕분에 환경으로부터 거의 모든 것을 빼앗을 수 있게 되었지요.

우리는 우리 아이들이 살 집을 짓기 위해 목재가 필요해요. 그러나 우리 아이들 또한 다음 세대에게 줄 목재를 구해야 하고, 다양한 식물과 동물을 만날 수 있는 숲이 필요해요. 그러므로 우리는 나무를 심어야 해요. 어떤 나무를 벨 때면 다시 한번 생각해 보고요. 우리 아이들은 우리 조상들의 숲, 수천 년을 살아 낸 몬테주마낙우송으로 가득한 숲을 가질 자격이 있어요.

오른쪽 그림은 19세기 말, 미국에서 몬테주마낙우송을 베어 내기 직전의 장면입니다.

그림 34

다음 세대를 위한 나무

보이치에흐 그라이코브스키 글
생물학 의사입니다. 한때 실험 생물학 기관에서 연구원으로 있었습니다. 현재는 실험실에서 교육 연구를 주로 하며 아이들을 위한 워크숍을 진행하고 있습니다. 자연에 대한 시리즈 도서를 공동 집필했습니다. 쓴 책으로 《꿀벌》이 있습니다.

피오트르 소하 그림
바르샤바의 미술 학교에서 공부했습니다. 오랫동안 폴란드에서 유명한 신문과 잡지에 일러스트와 만화 작업을 했습니다. 그래픽 디자이너이자 일러스트레이터로 유명합니다. 그린 책으로 《괴물》《꿀벌》이 있습니다.

이지원 옮김
한국외국어대학교에서 폴란드어를 공부하고 폴란드에서 어린이책 일러스트레이션의 역사를 연구해 박사 학위를 받았습니다. 현재 학생들을 가르치며 어린이책 연구가로 활동하고 있습니다. 옮긴 책은 <예술 쫌 하는 어린이> 시리즈의 《생각하는 건축》《상상하는 디자인》《꿈꾸는 현대 미술》《표현하는 패션》《아이디어 정원》과 《꿀벌》 등이 있습니다.

풀빛 지식 아이 나무

초판 1쇄 발행 2018년 11월 28일 | 초판 3쇄 발행 2022년 1월 21일
글쓴이 보이치에흐 그라이코브스키 | 그린이 피오트르 소하 | 옮긴이 이지원
펴낸이 홍석 | 이사 홍성우 | 편집부장 이정은 | 편집 차정민·조웅연·이은경 | 디자인 박두레
마케팅 이송희·한유리·이민재 | 관리 최우리·김정선·정원경·홍보람·조영행
펴낸곳 도서출판 풀빛 | 등록 1979년 3월 6일 제2021-000055호
주소 서울특별시 강서구 양천로 583 우림블루나인 A동 21층 2110호
전화 02-363-5995(영업) 02-362-8900(편집) | 팩스 070-4275-0445
전자우편 kids@pulbit.co.kr | 홈페이지 www.pulbit.co.kr | 블로그 blog.naver.com/pulbitbooks | 인스타그램 instagram.com/pulbitkids

ISBN 979-11-6172-096-8 74480
ISBN 978-89-7474-082-5 (세트)

이 도서의 국립중앙도서관 출판시도서목록(CIP)은 서지정보유통지원시스템 홈페이지(http://seoji.nl.go.kr)와 국가자료공동목록시스템(http://www.nl.go.kr/kolisnet)에서 이용하실 수 있습니다. (CIP제어번호: CIP2018035559)

Drzewa by Wojciech Grajkowski, Piotr Socha
© Copyright for the text by Wojciech Grajkowski, 2018
© Copyright for the illustrations by Piotr Socha, 2018
Originally published in 2018 under the title "Drzewa" by Wydawnictwo Dwie Siostry, Warsaw.
Korean Translation © 2018 by PULBIT Publishing Co.
All rights reserved.
The Korean language edition is published by Wydawnictwo Dwie Siostry with Pulbit publishing company, Seoul.

이 책의 한국어판 저작권은 Wydawnictwo Dwie Siostry와의 독점 계약으로 "도서출판 풀빛"에 있습니다.
저작권법에 의해 한국 내에서 보호를 받는 저작물이므로 무단전재와 무단복제를 금합니다.

은 큰 세상을 꿈꾸는 아이들을 위한 빅북 시리즈 로고입니다.

This publication has been supported by the ⓒPOLAND Translation Program
이 책은 폴란드 북 인스티튜트의 지원을 받아 제작하였습니다.

*책값은 뒤표지에 표시되어 있습니다.
*파본이나 잘못된 책은 구입하신 곳에서 바꿔드립니다.

품명 아동 도서 사용연령 7세 이상
제조국 대한민국 제조년월 2022년 1월 21일
제조자명 도서출판 풀빛 연락처 02-363-5995
주소 서울특별시 강서구 양천로 583 우림블루나인 A동 21층 2110호
주의사항 종이에 베이거나 긁히지 않도록 조심하세요.
책 모서리가 날카로우니 던지거나 떨어뜨리지 마세요.
KC마크는 이 제품이 공통안전기준에 적합하였음을 의미합니다.